ZEIGE-BILD WÖRTERBUCH

Französisch – Deutsch

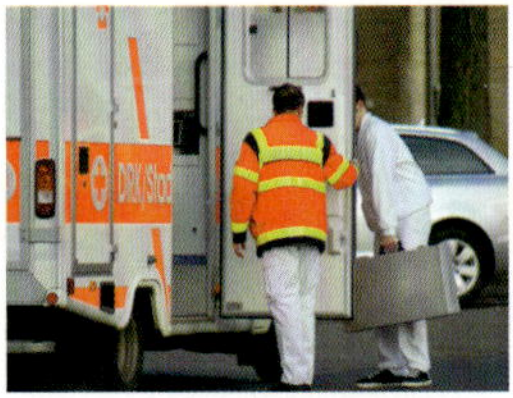

DAINTREE
NEW YORK
ROME
SHANGHAI
KAKADU

LES HOMMES ET LES FEMMES – DIE MENSCHEN

Le corps humain – Der menschliche Körper

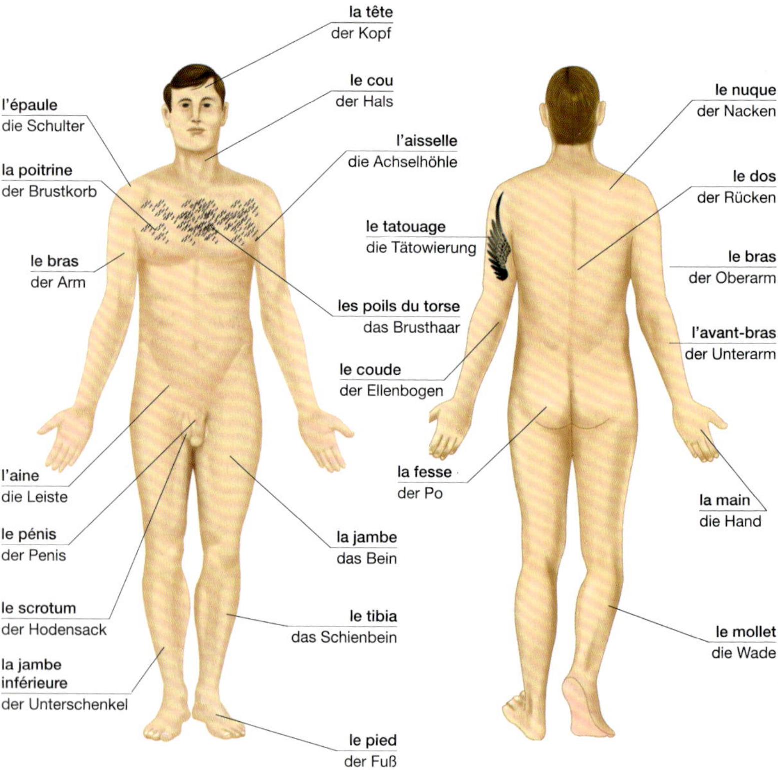

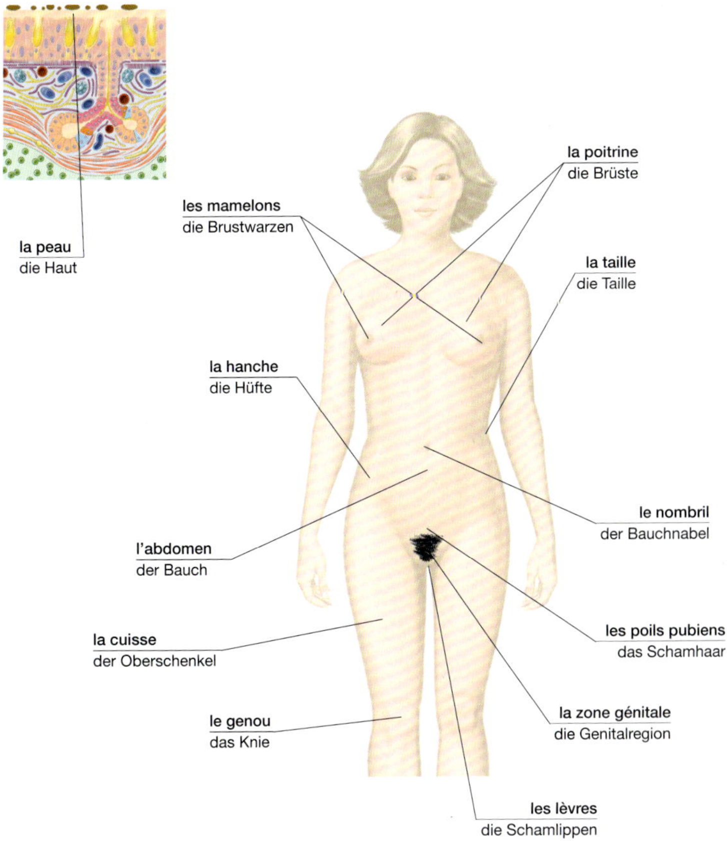
la peau
die Haut
les mamelons
die Brustwarzen
la poitrine
die Brüste
la taille
die Taille
la hanche
die Hüfte
le nombril
der Bauchnabel
l'abdomen
der Bauch
les poils pubiens
das Schamhaar
la cuisse
der Oberschenkel
la zone génitale
die Genitalregion
le genou
das Knie
les lèvres
die Schamlippen

Les muscles et la squelette – Die Muskeln und das Skelett

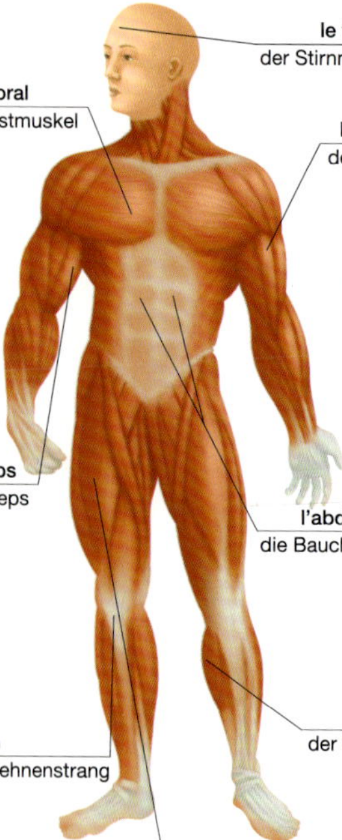

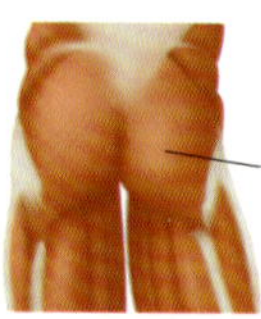

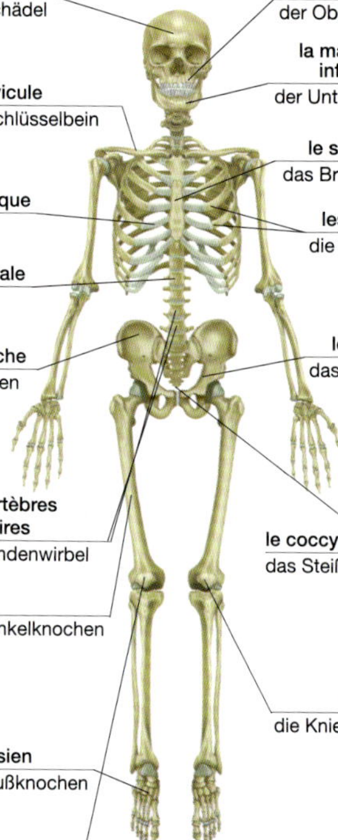

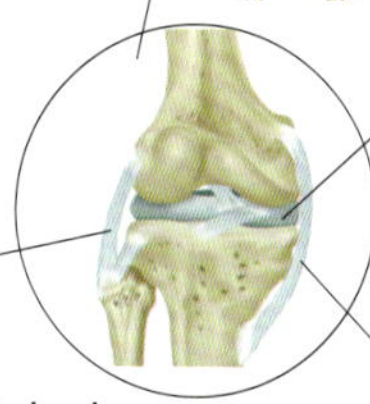

L'articulation – Das Gelenk

La main et le pied – Die Hand und der Fuß

La main – die Hand

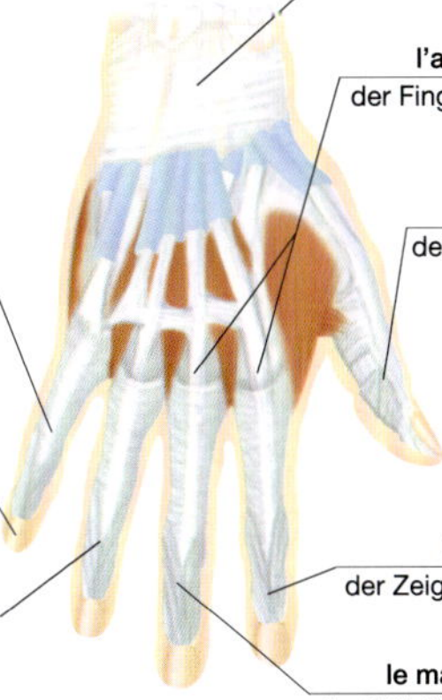

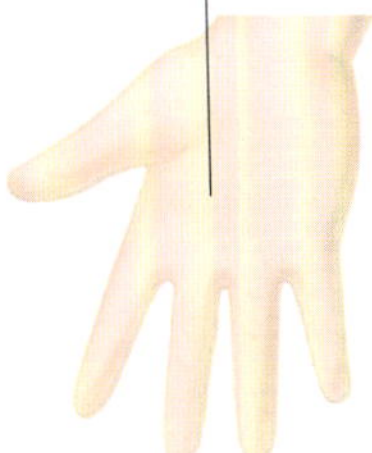

Le pied – der Fuß

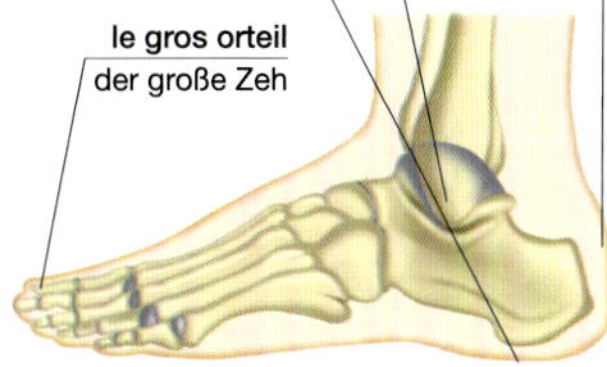

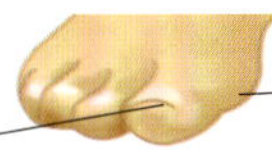

la manucure – die Maniküre

la pédicure – die Pediküre

la cuticule – die Nagelhaut

les ciseaux à ongles – die Nagelschere

la lime à ongles – die Nagelfeile

la vernis à ongles – der Nagellack

le dissolvant – der Nagellackentferner

saisir – greifen

faire un signe de la main – winken

le poing – die Faust

applaudir – in die Hände klatschen

Les organes internes – Die inneren Organe

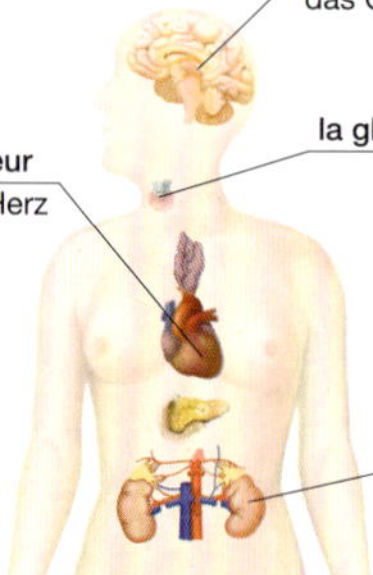

Le système digestif – Das Verdauungssystem

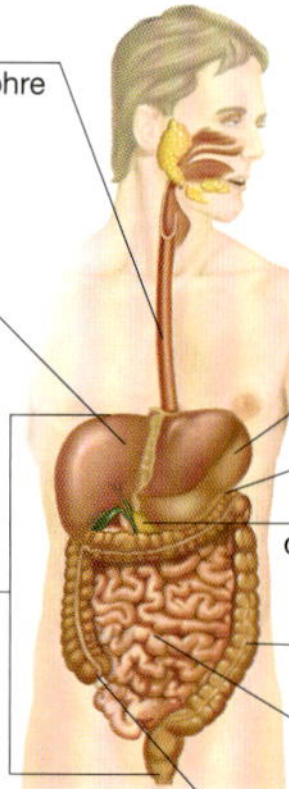

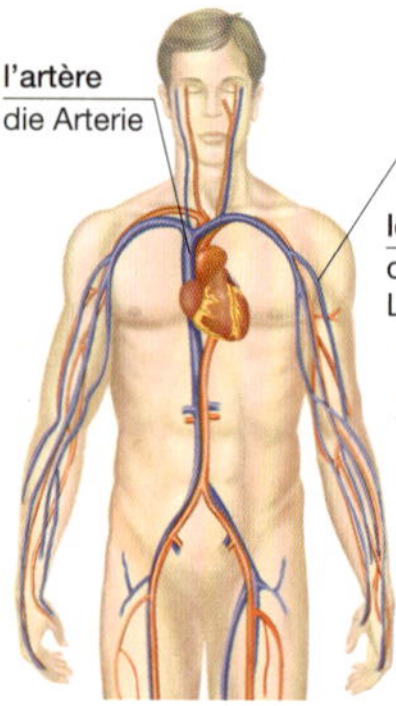

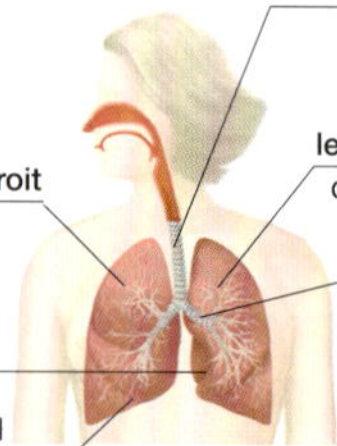

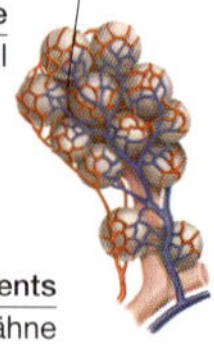

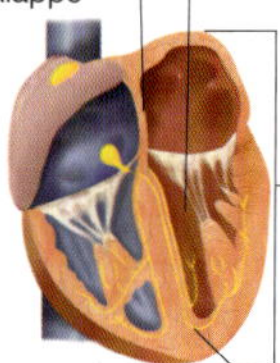

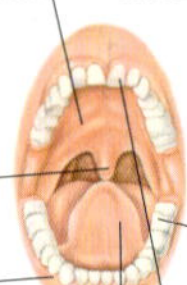

La reproduction – Die Fortpflanzung

Les organes reproducteurs de la femme – Die weiblichen Fortpflanzungsorgane

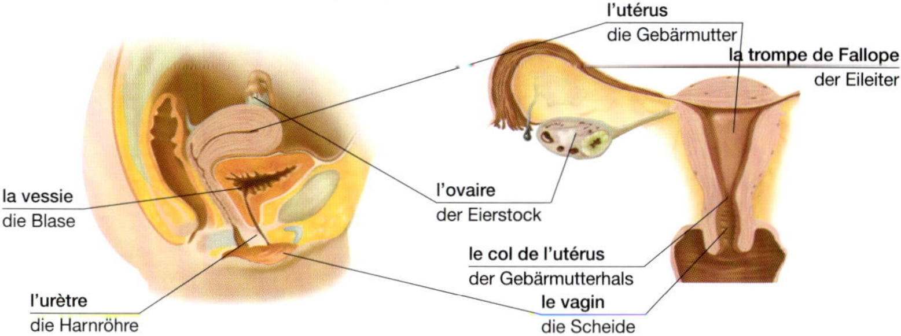

Les organes reproducteurs de l'homme – Die männlichen Fortpflanzungsorgane

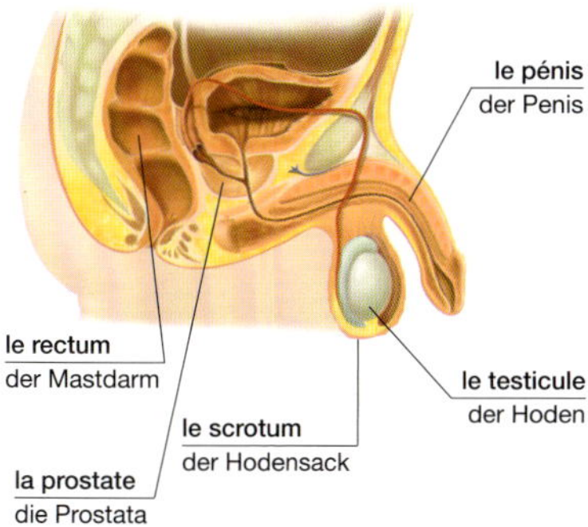

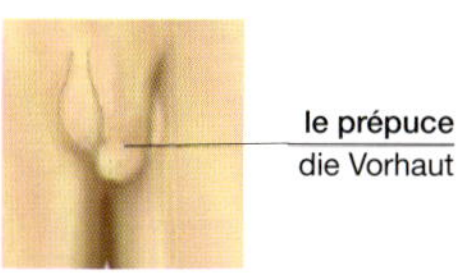

la menstruation – die Menstruation

l'ovulation – der Eisprung

l'ovule – das Ei

le sperme – das Spermium

les rapports sexuels – der Geschlechtsverkehr

l'orgasme – der Orgasmus

la fécondation – die Befruchtung

la contraception – die Verhütung

la pilule – die Pille

le préservatif – das Kondom

les maladies sexuellement transmissibles – die Geschlechtskrankheiten

enceinte – schwanger

l'avortement – die Abtreibung

les douleurs de l'accouchement – die Wehen

impuissant – impotent

stérile – unfruchtbar

fertile – fruchtbar

le test de grossesse – der Schwangerschaftstest

Le visage – Das Gesicht

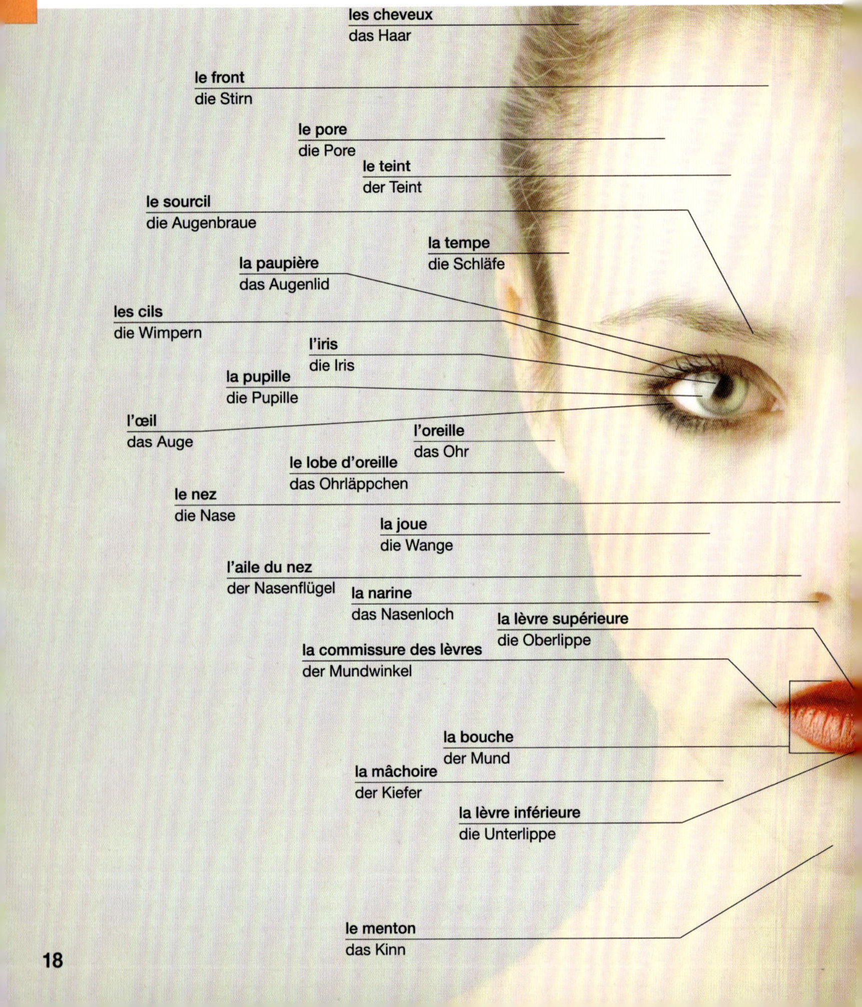

sourire
lächeln

les rides d'expression
die Lachfalten

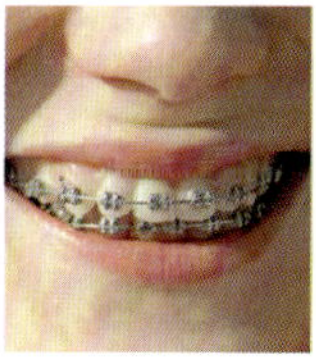

les bagues
die Zahnspange

la ride
die Falte

bronzé
sonnengebräunt

le grain de beauté
das Muttermal

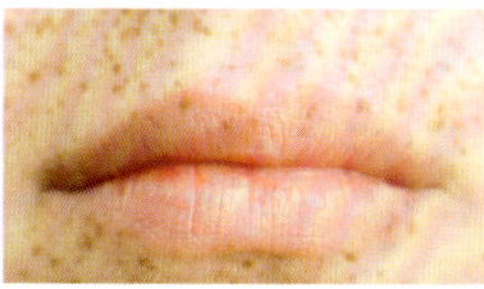

les taches de rousseur
die Sommersprossen

la fossette
das Grübchen

la barbe
der Bart

la moustache
der Schnurrbart

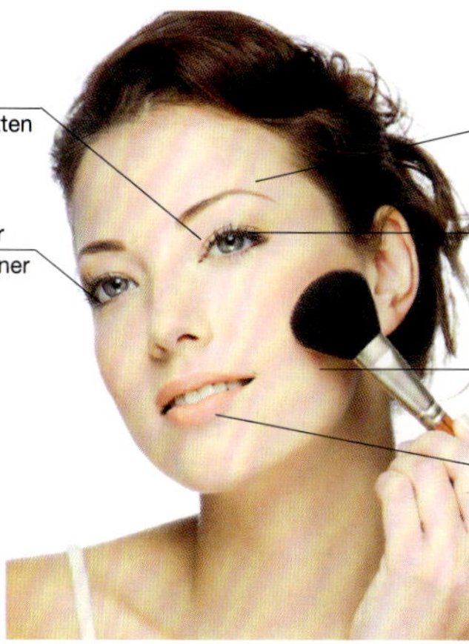

le fard à paupière
der Lidschatten

l'eyeliner
der Eyeliner

la fond de teint, la poudre
die Grundierung, der Gesichtspuder

le mascara
die Wimperntusche

le fard à joue
das Rouge

le rouge à lèvre
der Lippenstift

Le maquillage – Das Make-up

Les cheveux et les coiffures – Das Haar und die Frisuren

teints
gefärbt

chauve
kahl

le front dégarni
die Geheimratsecken

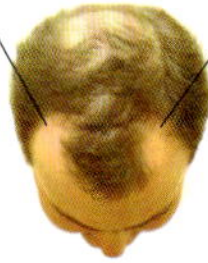

la perte de cheveux
dünner werdendes Haar

aux cheveux noirs
schwarzhaarig

raides
glatt

ondulés
gewellt

bouclés
lockig

courts
der Kurzhaarschnitt

brune
brünett

dégradés
gestuft

la permanente
die Dauerwelle

la frange
der Pony

la queue de cheval
der Pferdeschwanz

le chignon
der Haarknoten

blonde
blond

tressés
geflochten

les mèches
die Strähnchen

la perruque
die Perücke

aux cheveux gris
grauhaarig

poivre et sel
grau meliert

roux
rothaarig

le coiffeur – der Friseur
la coupe de cheveux – der Haarschnitt
le cuir chevelu – die Kopfhaut
les racines – die Haarwurzeln
les pellicules – die Schuppen
les pointes fourchues – der Spliss
les cheveux gras – das fettige Haar
la chute de cheveux – der Haarausfall

Les émotions – Die Gefühle

heureux
glücklich

malheureux
unglücklich

triste
traurig

furieux
wütend

en colère
sauer

embarrassé
verwirrt

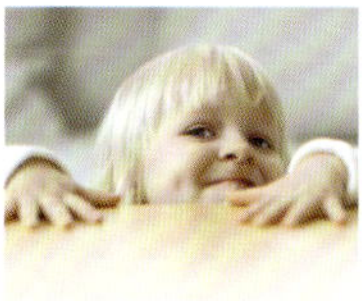

curieux
neugierig

amoureux
verliebt

inquiet
besorgt

anxieux
ängstlich

désespéré
verzweifelt

exalté
aufgeregt

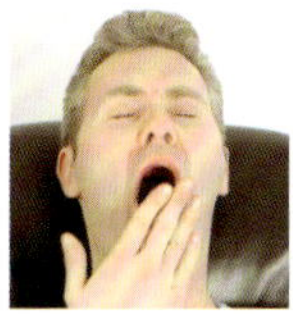

fatigué
müde

surpris
überrascht

envieux
neidisch

jaloux
eifersüchtig

fier
stolz

épuisé
erschöpft

Les humains et leurs attributs –
Menschen und ihre Eigenschaften

le bébé
das Baby

l'enfant en bas âge
das Kleinkind

l'enfant
das Kind

le garçon
der Junge

la fille
das Mädchen

l'adolescent
der Jugendliche

l'adulte
die Erwachsene

l'homme
der Mann

la femme
die Frau

le couple
das Paar

le groupe
die Gruppe

la foule
die Menschenmenge

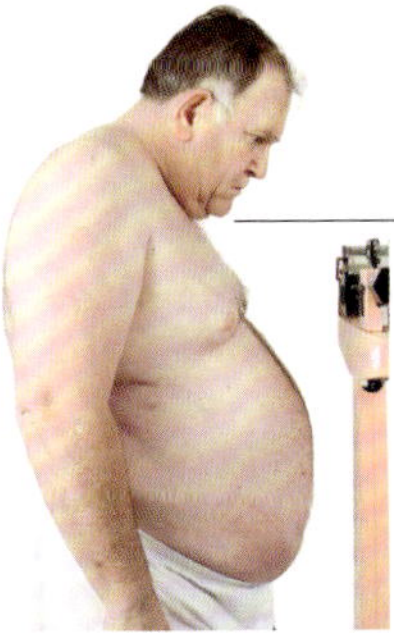

gros
dick

grand
groß

petit
klein

mince
schlank

séduisant
attraktiv

jeune
jung

âgé
alt

arrogant – arrogant

entêté – dickköpfig

timide – schüchtern

confiant – selbstbewusst

gentil – nett

amical – freundlich

le préjugé – das Vorurteil

tolérant – tolerant

intolérant – intolerant

patient – geduldig

impatient – ungeduldig

sensible – feinfühlig, sensibel

raisonné – bewusst, vernünftig

La famille – Die Familie

les parents
die Eltern

le mari
der Ehemann

le père (papa)
der Vater (Papa)

l'épouse
die Ehefrau

la mère (maman)
die Mutter (Mama)

la fille
die Tochter

la sœur
die Schwester

le fils
der Sohn

frère et sœur
die Geschwister

les jumeaux
die Zwillinge

les enfants
die Kinder

le frère
der Bruder

le grand-père (papi)
der Großvater (Opa)

les petits-enfants
die Enkel

les grands-parents
die Großeltern

la grand-mère (mami)
die Großmutter (Oma)

le cousin, la cousine
der Cousin, die Cousine

le beau-frère
der Schwager

la belle-sœur
die Schwägerin

le beau-fils
der Schwiegersohn

la belle-fille
die Schwiegertochter

la belle-mère
die Schwiegermutter

le beau-père
der Schwiegervater

gay – schwul

lesbienne – lesbisch

homosexuel – homosexuell

hétérosexuel – heterosexuell

célibataire – ledig

marié – verheiratet

séparé – getrennt

divorcé – geschieden

les membres de la famille – die Verwandten

le beau-père – der Stiefvater

la belle-mère – die Stiefmutter

le parrain – der Patenonkel

la marraine – die Patentante

(être) de la même famille – verwandt

la ressemblance – die Ähnlichkeit

la tante
die Tante

la nièce
die Nichte

le neveu
der Neffe

l'oncle
der Onkel

Les événements de la vie et les célébrations – Die Lebensereignisse und die Feste

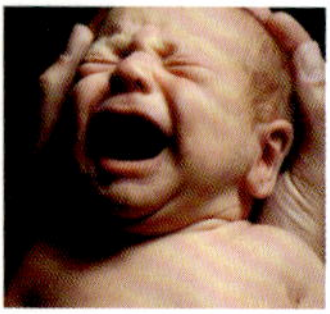

la naissance
die Geburt

l'anniversaire
der Geburtstag

le gâteau d'anniversaire
die Geburtstagstorte

les bougies
die Kerzen

le cadeau
das Geschenk

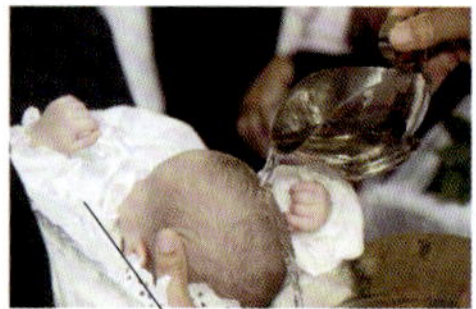

le baptême
die Taufe

la robe de baptême
das Taufkleid

le marié
der Bräutigam

le voile de la mariée
der Brautschleier

les fiançailles
die Verlobung

enterrement de vie de jeune fille/ de vie de garçon
Junggesell(inn)enabschied

la mariée
die Braut

le couple de jeunes mariés
das Hochzeitspaar

le mariage
die Hochzeit

le bouquet de la mariée
der Brautstrauß

la couronne
die Krone

l'anniversaire de mariage
der Hochzeitstag

la lune de miel
die Hochzeitsreise

la fête
die Party

déménager
umziehen

le carton
der Karton

la fête des pères
der Vatertag

Saint Valentin
der Valentinstag

la fête des mères
der Muttertag

le clown
der Clown

le carnaval
der Karneval

les vacances
die Ferien

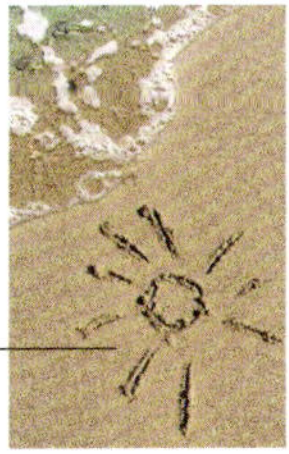

le jour férié
der Feiertag

Pâques
Ostern

le lapin de Pâques
der Osterhase

l'œuf de Pâques
das Osterei

la dinde rôtie
der gebratene Truthahn

la décoration de sapin de Noël
der Weihnachtsbaumschmuck

Noël
Weihnachten

le sapin de Noël
der Weihnachtsbaum

saint Sylvestre
Silvester

le feu d'artifice
das Feuerwerk

le nouvel an
Neujahr

le ramadan
der Ramadan

le tapis de prière
der Gebetsteppich

Pâque juive
das Passahfest

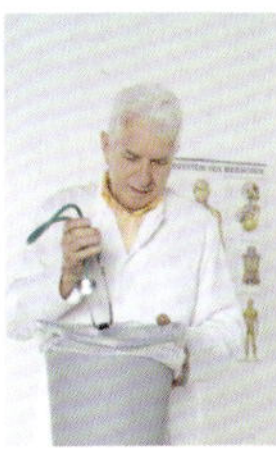

prendre sa retraite
in Rente gehen

les retraités
die Rentner

le porteur funéraire
der Sargträger

les funérailles
das Begräbnis

le cercueil
der Sarg

Les vêtements et les accessoires – Die Kleidung und die Accessoires

Les vêtements – die Kleidungsstücke

les dessous
die Unterwäsche

la culotte
die Unterhose

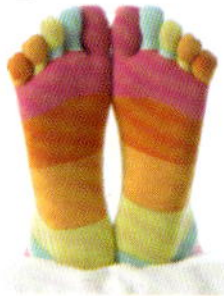

les chaussettes
die Socken

la robe de chambre
der Bademantel

le pyjama
der Schlafanzug

le tee-shirt
das T-Shirt

le blue-jeans
die Jeans

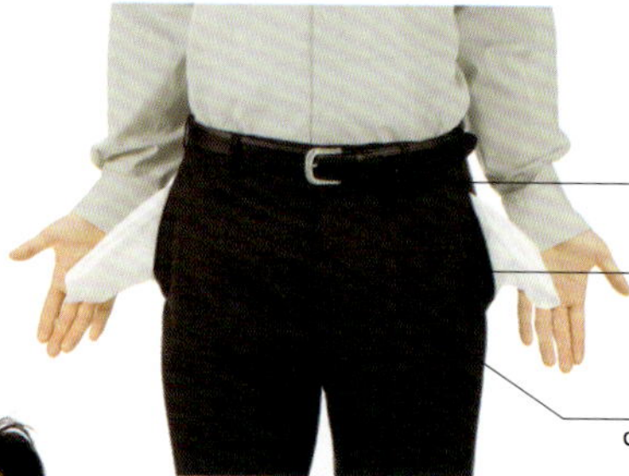

le pantalon
die Hose

la poche
die Tasche

la braguette
der Hosenschlitz

le short
die Shorts

le nœud de cravate
der Krawattenknoten

le col
der Kragen

la cravate
die Krawatte

le bouton
der Knopf

la boutonnière
das Knopfloch

la chemise
das Hemd

le pull
der Pullover

tricoté
gestrickt

le col en v
der V-Ausschnitt

le pull à col roulé
der Rollkragen

le gilet
die Strickjacke

le manteau
der Mantel

l'anorak
der Anorak

le blazer
der Blazer

les vêtements décontractés
die Freizeitkleidung

le poignet
das Bündchen

la fermeture éclair
der Reißverschluss

le survêtement
der Trainingsanzug

la capuche
die Kapuze

l'imperméable
der Regenmantel

Chaussures, accessoires et effets personnels – Schuhe, Accessoires und persönliche Gegenstände

les tennis
die Turnschuhe

les bottes en caoutchouc
die Gummistiefel

les bottes
die Stiefel

le talon
der Absatz

les chaussures à talon
die Schuhe mit hohem Absatz

la chaussure
der Schuh

le lacet
der Schnürsenkel

la semelle
die Sohle

la lanière
der Riemen

les sandales
die Sandalen

les tongs
die Flipflops

les baskets
die Sneakers

les chaussures de marche
die Wanderschuhe

les chaussons
die Hausschuhe

la boucle
die Schnalle

la ceinture
der Gürtel

le sac
die Tasche

le sac à dos
der Rucksack

les gants
die Handschuhe

le chapeau
der Hut

la casquette
die Mütze

le bonnet en laine
die Wollmütze

les franges
die Fransen

l'écharpe
der Schal

la montre
die Armbanduhr

l'alliance
der Ehering

la bague de fiançailles
der Verlobungsring

le porte-monnaie
das Damen-portemonnaie

la monture
das Brillengestell

la branche
der Bügel

les lunettes de soleil
die Sonnenbrille

la clé de la porte d'entrée
der Haustürschlüssel

les lunettes
die Brille

le pont
der Nasensteg

le support de nez
das Nasenpad

le téléphone portable
das Handy

le trousseau de clés
der Schlüsselbund

le porte-clés
der Schlüsselanhänger

le lecteur mp3
der MP3-Player

le casque
die Kopfhörer

les piles
die Batterien

la carte d'identité – der Ausweis

le passeport – der Reisepass

le permis de conduite – der Führerschein

la carte de membre – die Mitgliedskarte

le certificat de naissance – die Geburtsurkunde

les papiers du véhicule – die Wagenpapiere

Les vêtements pour enfants – Die Kinderkleidung

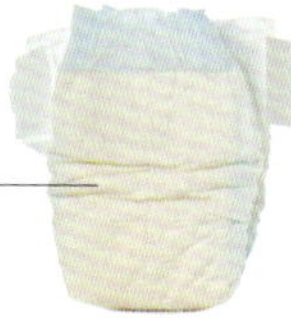

la couche
die Windel

la couche en tissus
die Stoffwindel

la couche jetable
die Wegwerfwindel

les chaussons
die Babyschühchen

le bavoir
das Lätzchen

le pyjama pour enfant
der Schlafanzug

le pyjama pour bébé
der Strampler

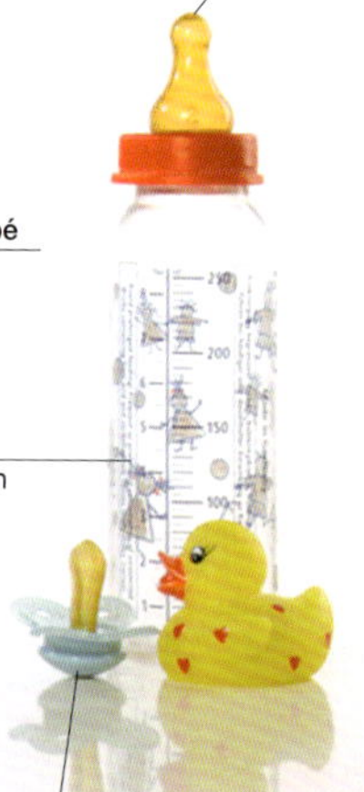

la tétine de biberon
der Sauger

le biberon
das Babyfläschchen

la tétine
der Schnuller

la combinaison pour la neige
der Schneeanzug

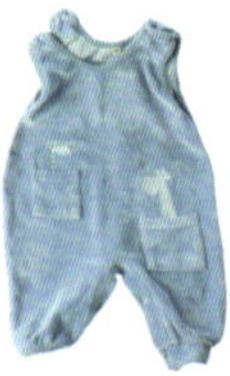

la barboteuse
der Spielanzug

le hochet
die Rassel

la salopette
die Latzhose

les moufles
die Fausthandschuhe

Les vêtements pour hommes – Die Herrenkleidung

la veste
das Jackett

le revers
das Revers

la manche
der Ärmel

droit
einreihig

le costume
der Anzug

le mouchoir
das Taschentuch

croisé
zweireihig

le veston
die Weste

le nœud papillon
die Fliege

l'épingle de cravate
die Krawattennadel

la manchette
die Manschette

les boutons de manchettes
die Manschettenknöpfe

le tricot de corps
das Unterhemd

le slip à poche
die Unterhose mit Eingriff

le slip
der Slip

le caleçon
die Boxershorts

le caleçon long
die lange Unterhose

le caleçon de bain
die Badehose

les bretelles
die Hosenträger

la mallette
die Aktentasche

le portefeuille
das Herrenportemonnaie

Les vêtements pour femmes – Die Damenkleidung

la chemise
die Bluse

le décolleté
der Ausschnitt

la jupe
der Rock

la minijupe
der Minirock

les bretelles
die Träger

le haut
das Top

la robe
das Kleid

l'ourlet
der Saum

la robe de maternité
das Umstandskleid

débardeur
ärmellos

le tailleur
das Kostüm

le tailleur pantalon
der Hosenanzug

les collants
die Strumpfhose

les bas
die Strümpfe

La lingerie – Die Dessous

la dentelle
die Spitze

le soutien-gorge
der BH

la culotte
das Höschen

les dessous en dentelle
das Spitzenhöschen

la chemise de nuit
das Nachthemd

le bikini
der Bikini

le maillot de bain
der Badeanzug

le sac à main
die Handtasche

le sac pochette
die Umhängetasche

le collier
die Halskette

d'or
golden

le pendentif
der Anhänger

la bague
der Ring

la boucle d'oreille
der Ohrring

la pierre
der Edelstein

d'argent
silbern

le bracelet
das Armband

les puces
der Ohrstecker

le bracelet jonc
der Armreif

la broche
die Brosche

le serre-tête
der Haarreif

le chouchou
das Haargummi

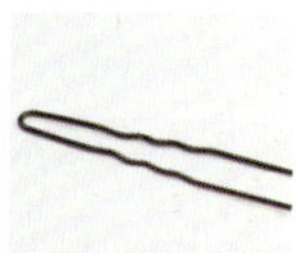

l'épingle à chignon
die Haarnadel

DRK/Stad

LA SANTÉ – DIE GESUNDHEIT

Les blessures – Die Verletzungen

cabosser
verbeulen

la collision par l'arrière
der Auffahrunfall

l'accident
der Unfall

le choc
der Schock

crier
schreien

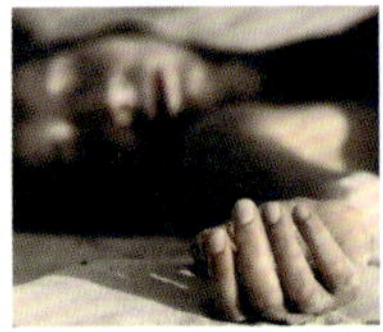

inconscient
bewusstlos

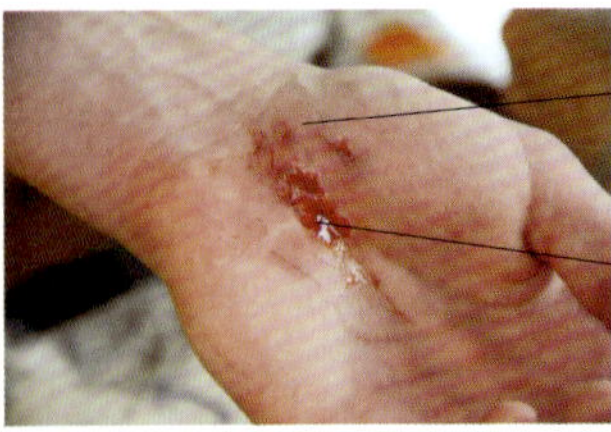

la blessure
die Wunde

le sang
das Blut

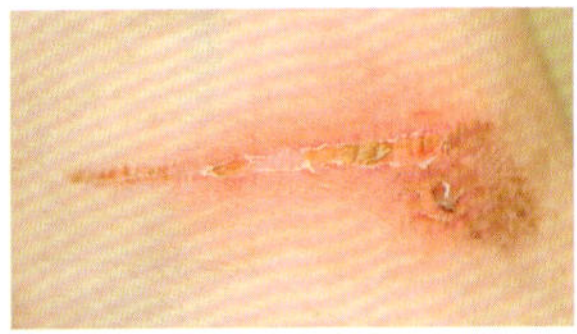

la brûlure
die Verbrennung

l'empoisonnement
die Vergiftung

la brûlure chimique
die Verätzung

le dard
der Stachel

la piqûre
der Stich

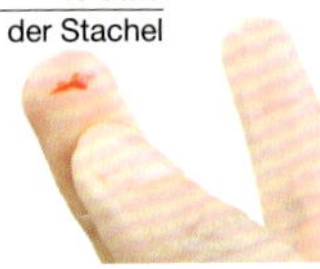

la coupure
der Schnitt

la morsure
der Biss

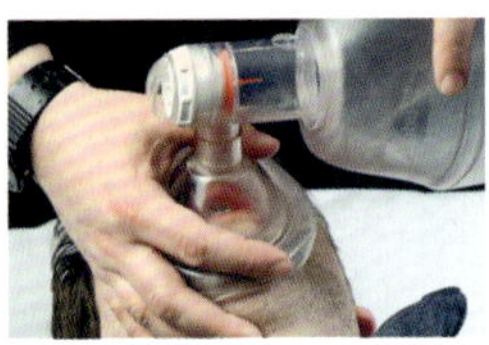

étouffer
ersticken

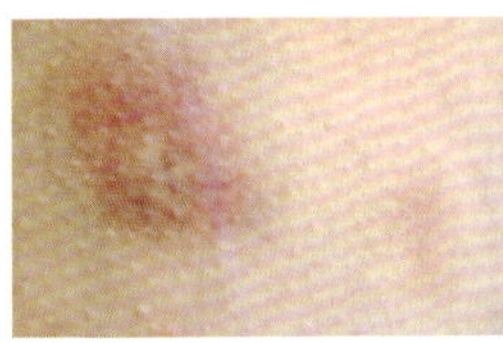

le bleu
der blaue Fleck

le torticolis
die Zerrung

le bandage
die Bandage

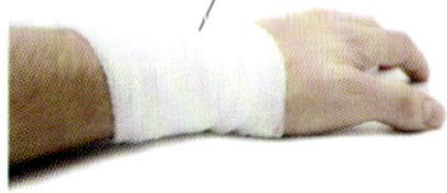

l'entorse
die Verstauchung

la contusion
die Prellung

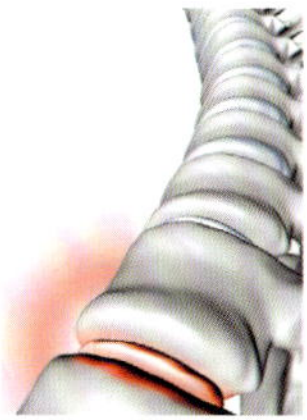

le pincement discal
die Quetschung

l'écharpe
die Schlinge

la fracture
der Knochenbruch

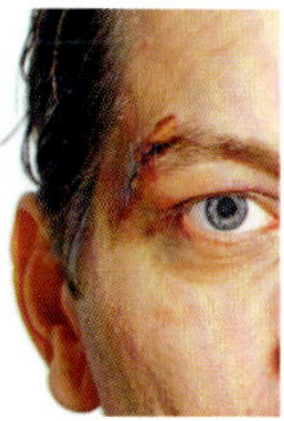

la commotion cérébrale
die Gehirnerschütterung

le coup du lapin
das Schleudertrauma

l'urgence – der Notfall
le numéro des urgences – die Notrufnummer
l'ambulance – der Krankenwagen
le paramédical – der Rettungssanitäter
blessé – verletzt
(non) sensible – (nicht) ansprechbar
le coup de chaleur – der Hitzschlag
le choc allergique – der allergische Schock
la crise d'épilepsie – der epileptische Anfall

la thrombose – die Thrombose
l'appendicite – die Blinddarmentzündung
l'accident vasculaire cérébral – der Schlaganfall
la crise cardiaque – der Herzinfarkt
les calculs rénaux – die Nierensteine
les calculs biliaires – die Gallensteine
la hernie discale – der Bandscheibenvorfall
le lumbago – der Hexenschuss
la déchirure – die Platzwunde

Les premiers secours – Die Erste Hilfe

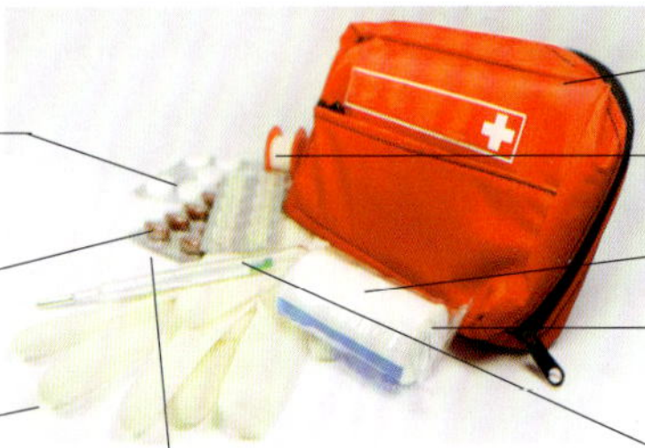

l'analgésique
das Schmerzmittel

le médicament
das Medikament

aseptisé
steril

la trousse de secours
das Erste-Hilfe-Set

le sparadrap
das Pflaster

le pansement
der Verband

la bande de gaze
die Mullbinde

le thermomètre
das Fieberthermometer

le médicament sur ordonnance
das verschreibungspflichtige Medikament

l'antiseptique
das Desinfektionsmittel

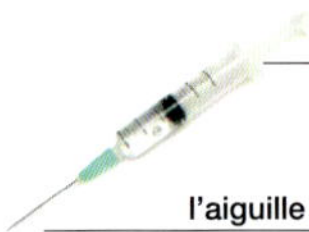

la seringue jetable
die Wegwerfspritze

l'aiguille creuse
die Kanüle

Les techniques de premiers secours – Die Erste-Hilfe-Maßnahmen

le bandage triangulaire
das Dreiecktuch

le mannequin
die Übungspuppe

le bouche-à-bouche
die Mund-zu-Mund-Beatmung

la couverture de survie
die Rettungsdecke

le massage cardiaque
die Herzmassage

la compresse
die Kältekompresse

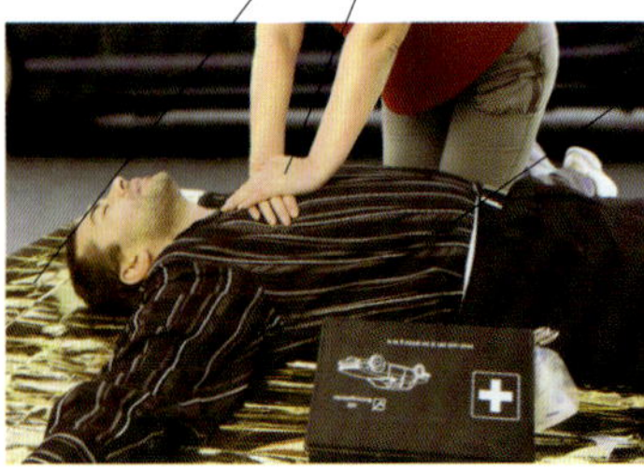

la victime
das Opfer

la réanimation
die Wiederbelebung

le triangle de sécurité
das Warndreieck

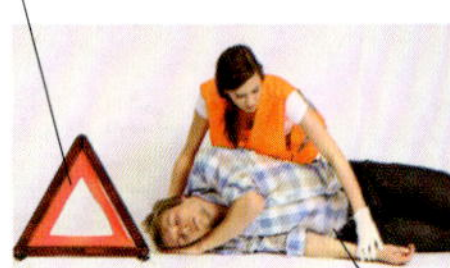

la position latérale de sécurité
die stabile Seitenlage

le masque à oxygène
die Sauerstoffmaske

les difficultés respiratoires
die Atembeschwerden

le saignement de nez
das Nasenbluten

le mouchoir
das Papiertaschentuch

la bouillotte
die Wärmflasche

le mal d'estomac
die Bauchschmerzen

la nausée
die Übelkeit

le vomissement
das Erbrechen

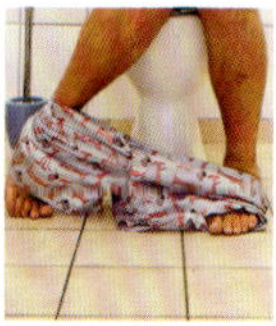

la diarrhée
der Durchfall

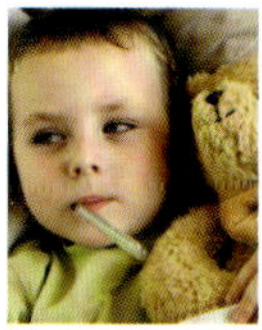

la fièvre
das Fieber

l'asthénie
die Abgeschlagenheit

la démangeaison
der Juckreiz

le mal de tête
das Kopfweh

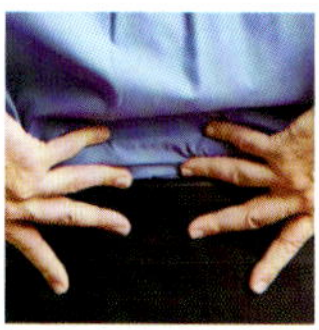

le mal de dos
die Rückenschmerzen

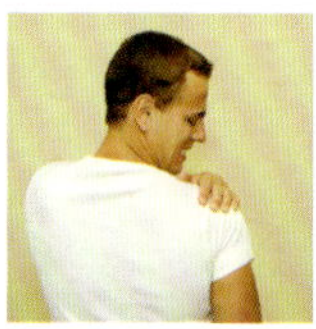

les douleurs articulaires
die Gelenkschmerzen

la crampe
der Krampf

le vertige
der Schwindel

l'anxiété
die Nervosität

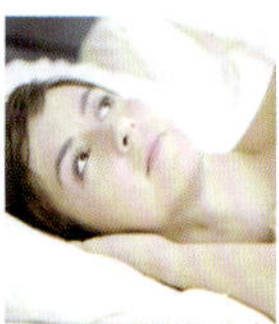

les troubles du sommeil
die Schlafstörung

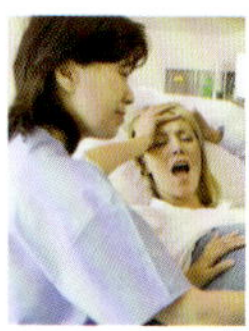

les contractions
die Wehen

l'engourdissement – das Taubheitsgefühl

les problèmes circulatoires – die Kreislaufbeschwerden

la brûlure d'estomac – das Sodbrennen

la constipation – die Verstopfung

les flatulences – die Blähungen

Chez le docteur – Beim Arzt

le médecin généraliste
der Allgemeinarzt

l'ORL
der Hals-Nasen-Ohren-Arzt (HNO)

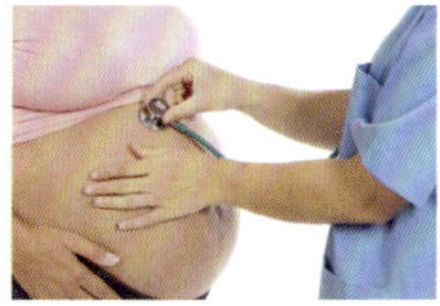

le gynécologue
der Frauenarzt

l'urologue
die Urologin

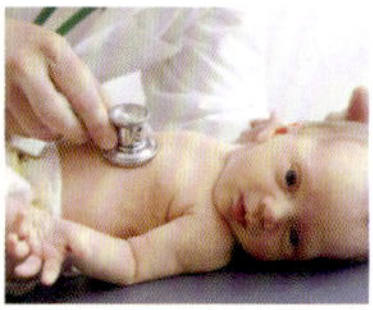

le pédiatre
der Kinderarzt

l'orthopédiste
der Orthopäde

le psychiatre
der Psychiater

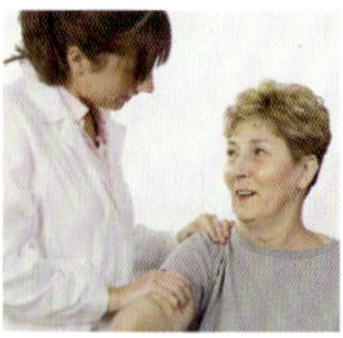

le physiothérapeute
der Physiotherapeut

le cabinet
die Praxis

la salle d'attente
das Wartezimmer

la secrétaire médicale
die Arzthelferin

la doctoresse
die Ärztin

la patiente
die Patientin

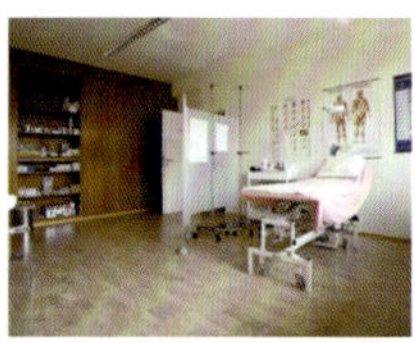

la chirurgie
das Behandlungszimmer

le laboratoire
das Labor

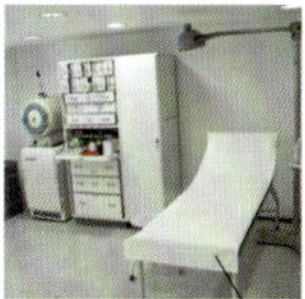

la table d'examen
die Liege

le stéthoscope
das Stethoskop

l'affichage
die Anzeige

le tensiomètre
das Blutdruckmessgerät

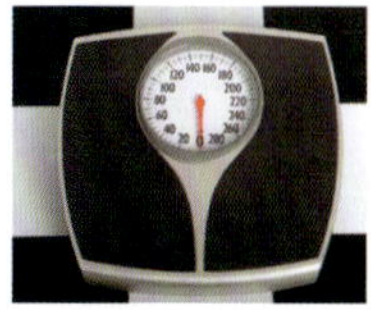

le pèse-personne
die Waage

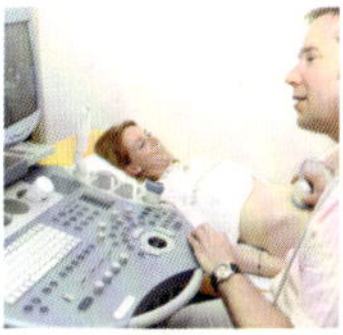

les ultrasons
der Ultraschall

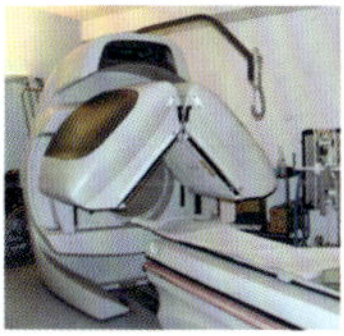

l'appareil de radiographie
der Röntgenapparat

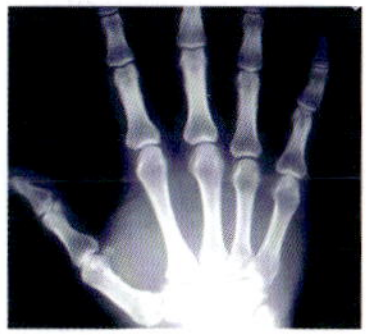

la radiographie
das Röntgenbild

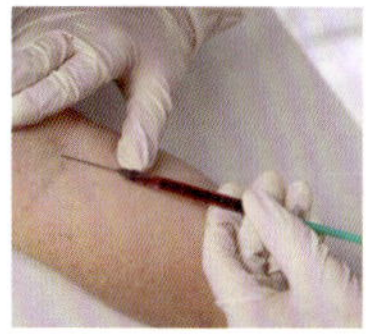

faire une prise de sang
Blut abnehmen

la visite à domicile
der Hausbesuch

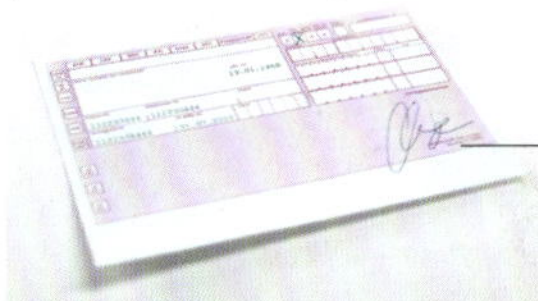

ordonnance
das Rezept

le rendez-vous – der Termin

les heures de consultation – die Sprechstunde

la compagnie d'assurance santé – die Krankenkasse

les troubles aigus – die akuten Beschwerden

l'examen médical – die Untersuchung

faire une piqûre – jemandem eine Spritze geben

le diagnostic – die Diagnose

le traitement – die Behandlung

les résultats – die Ergebnisse

Les maladies – Die akuten Krankheiten

le rhume de cerveau
der Schnupfen

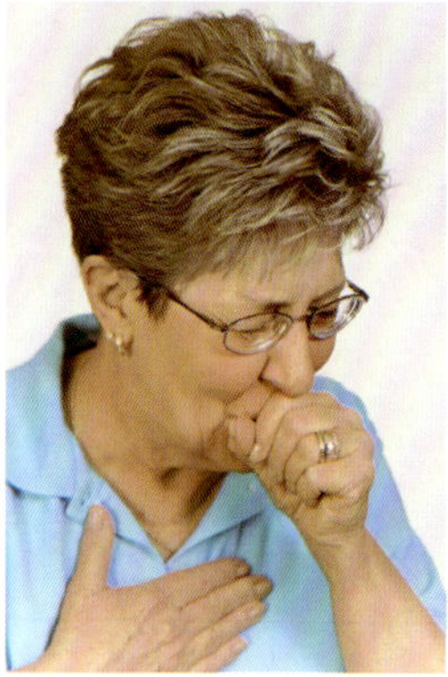

la toux
der Husten

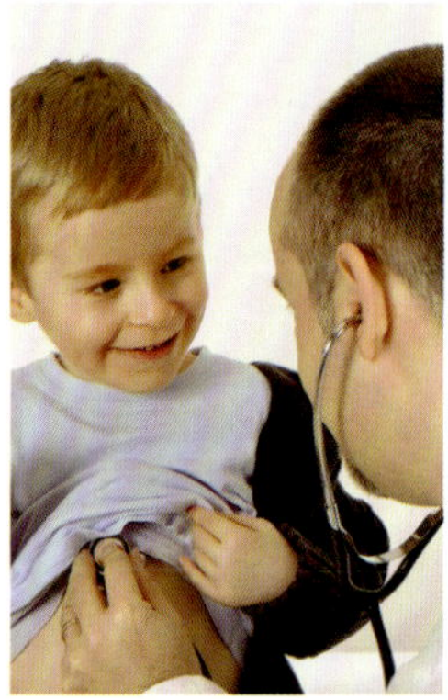

la bronchite
die Bronchitis

les acouphènes – der Tinnitus
la perte d'audition – der Hörsturz
l'éruption cutanée – der Ausschlag
les varices – die Krampfadern
le pied d'athlète – der Fußpilz
les poux – die Kopfläuse
la gale – die Krätze
le zona – die Gürtelrose
la septicémie – die Blutvergiftung
la jaunisse – die Gelbsucht
l'arythmie cardiaque – die Herzrhythmusstörungen
l'angine de poitrine – die Angina Pectoris
les hémorroïdes – die Hämorrhoiden
la cystite – die Blasenentzündung
l'inflammation – die Entzündung
la gastrite – die Gastritis
les douleurs menstruelles – die Regelschmerzen
la mycose – die Pilzinfektion
le syndrome de l'immunodéficience acquise (Sida) – das AIDS
le trouble psychosomatique – die psychosomatische Krankheit
la dépression – die Depression
les troubles alimentaires – die Essstörung
la dépendance – die Abhängigkeit
l'anorexie – die Magersucht
l'obésité – die Fettsucht
la boulimie – die Bulimie

le rhume
die Erkältung

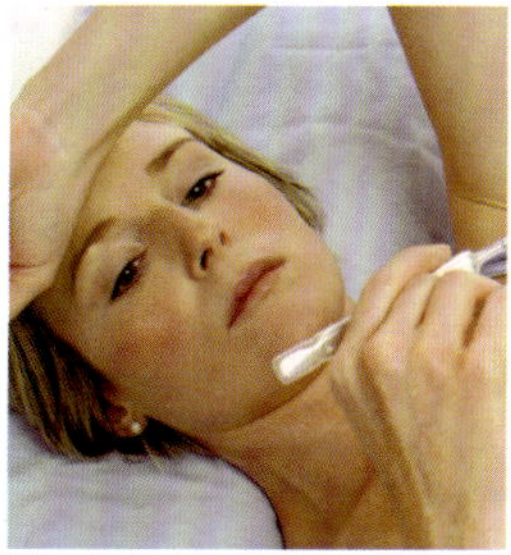

la grippe
die Grippe

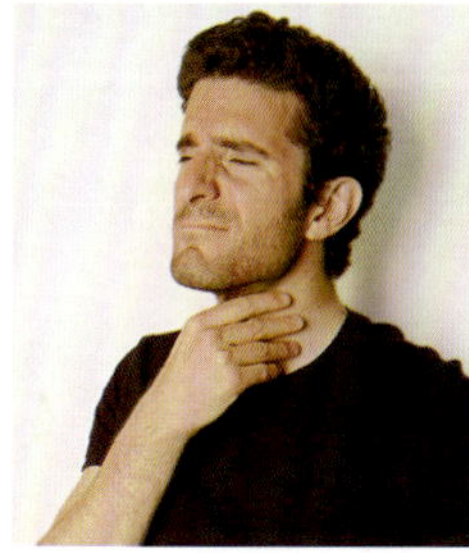

le mal de gorge
die Halsschmerzen

les gouttes pour les yeux
die Augentropfen

tomber goutte à goutte
träufeln

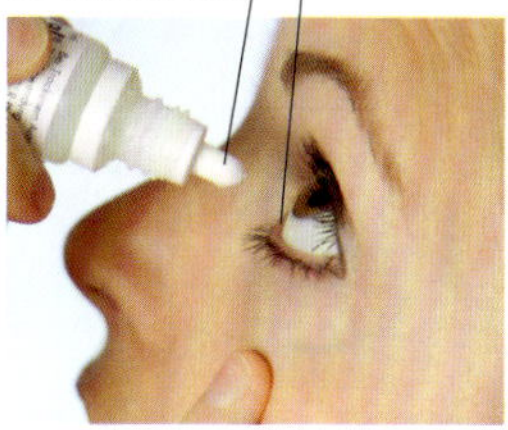

la conjonctivite
die Bindehautentzündung

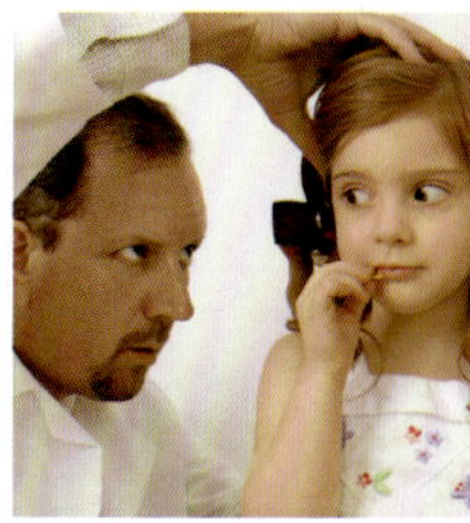

l'otite
die Mittelohrentzündung

la rage de dent
die Zahnschmerzen

la rubéole – die Röteln

la scarlatine – der Scharlach

la varicelle – die Windpocken

l'oreillons – der Mumps

la coqueluche – der Keuchhusten

les maladies infantiles – die Kinderkrankheiten

la rougeole – die Masern

Les maladies chroniques – Die langwierigen oder chronischen Krankheiten

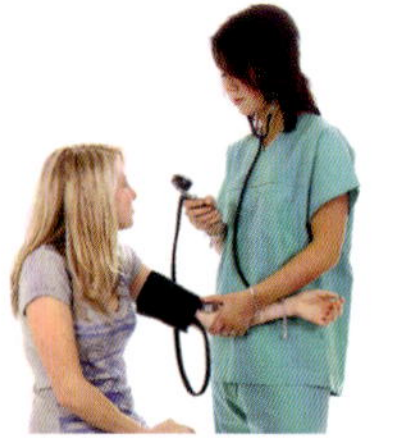

l'hypotension/l'hypertension
der niedrige/hohe Blutdruck

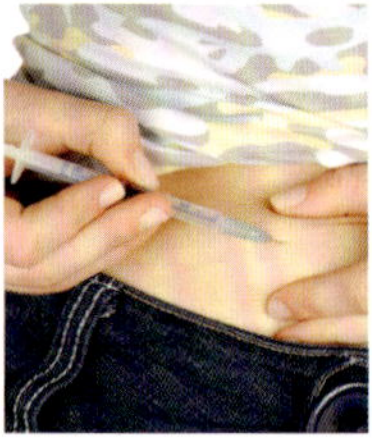

le diabète
die Diabetes

l'incontinence
die Blasenschwäche

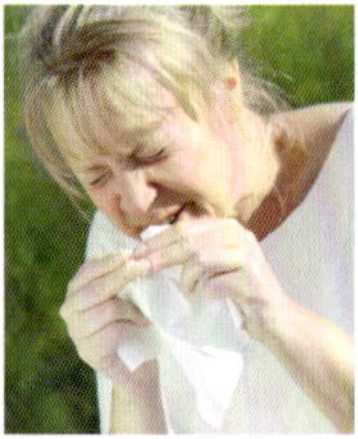

le rhume des foins
der Heuschnupfen

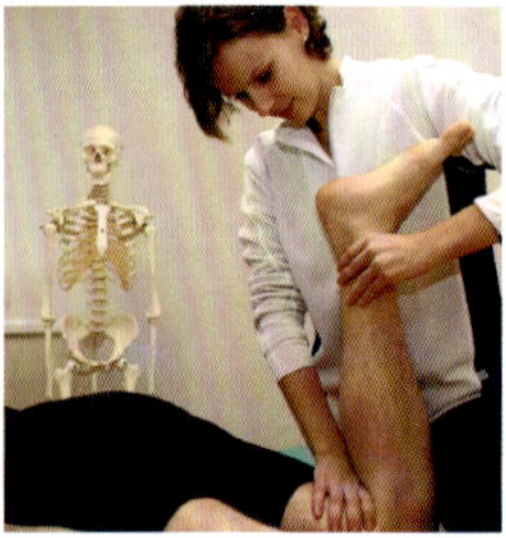

le rhumatisme
das Rheuma

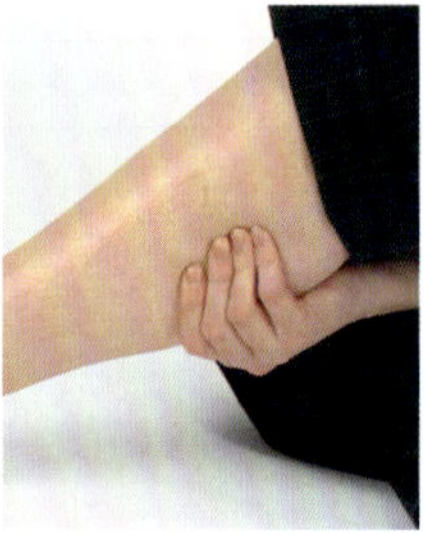

l'arthrose
die Arthrose

la démence
die Demenz

la maladie d'Alzheimer
Alzheimer

le psoriasis – die Schuppenflechte
allergique à … – allergisch gegen …
le pollen – die Pollen
l'asthme – das Asthma
la maladie thyroïdienne – die Schilddrüsenkrankheit
le cancer – der Krebs
la prévention du cancer – die Krebsvorsorge
la grosseur – der Knoten
la tumeur – der Tumor
la chimiothérapie – die Chemotherapie
la radiothérapie – die Bestrahlung
le SIDA – das AIDS
la maladie de Parkinson – Parkinson
l'ulcère à l'estomac – das Magengeschwür

Les handicaps – Die Behinderungen

paralysé
gelähmt

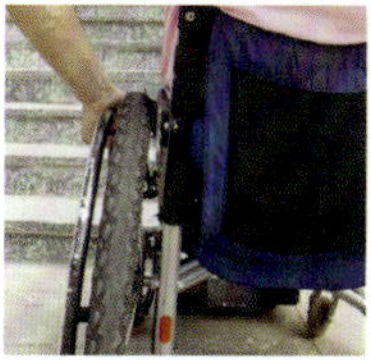

la paralysie spastique
die spastische Lähmung

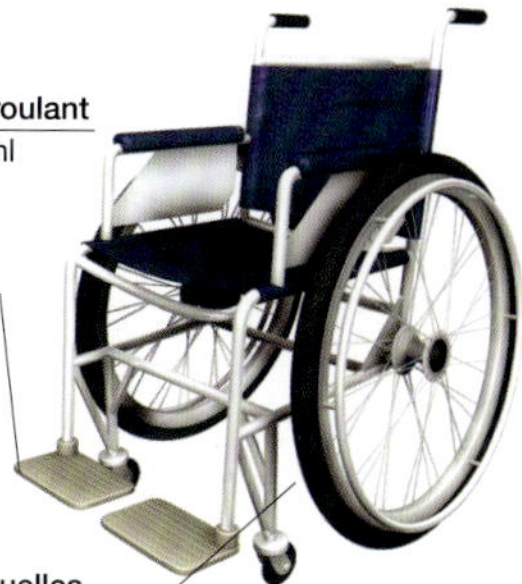

le fauteuil roulant
der Rollstuhl

le repose-pieds
die Fußstütze

les roues manuelles
das Schwungrad

le déambulateur
der Rollator

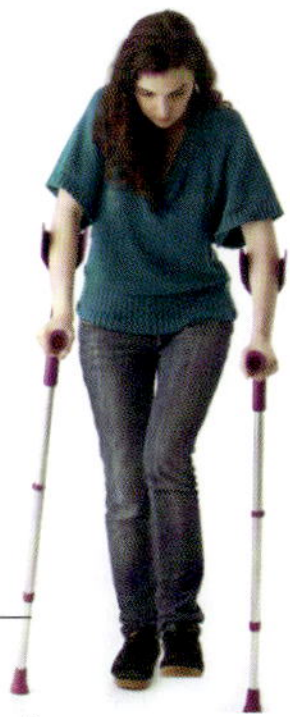

les béquilles
die Krücken

boiter
humpeln

ophtalmologiste
der Augenarzt

myope
kurzsichtig

la loupe
die Lupe

presbyte
weitsichtig

la canne blanche
der Blindenstock

aveugle
blind

le chien d'aveugle
der Blindenhund

malentendant
schwerhörig

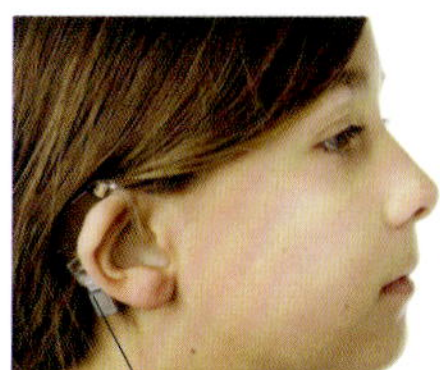

sourd
taub

la prothèse auditive
das Hörgerät

À l'hôpital – Im Krankenhaus

le service d'urgence
die Notaufnahme

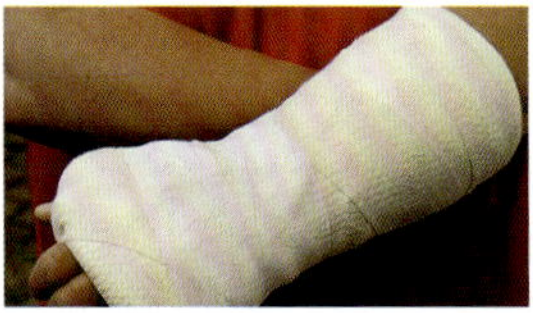

le plâtre
der Gipsverband

la visiteuse
die Besucherin

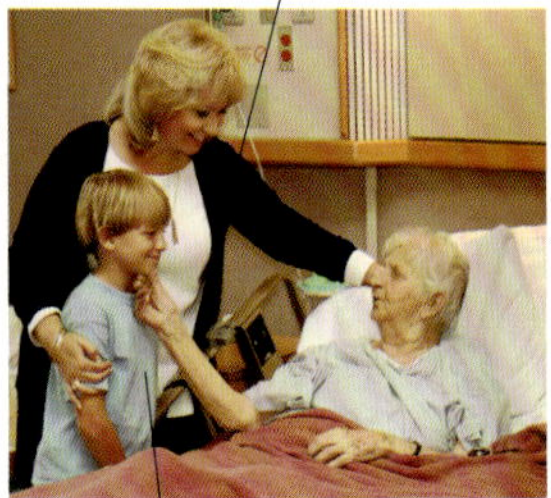

la visite
der Krankenbesuch

les heures de visite
die Besuchszeiten

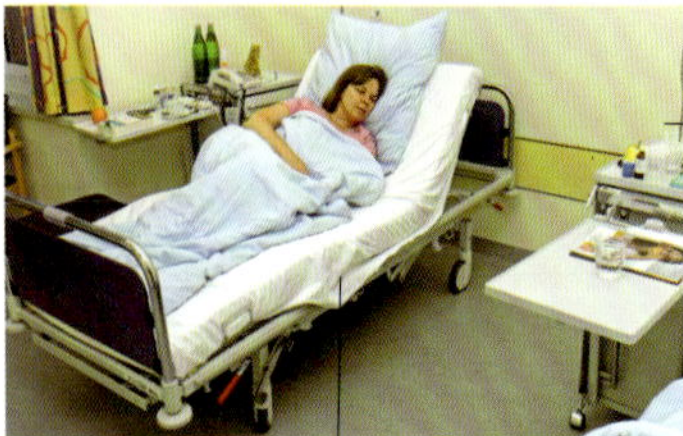

la chambre individuelle
das Einzelzimmer

le service d'hôpital
das Krankenzimmer

le lit d'hôpital
das Krankenhausbett

la blouse de chirurgien
die OP-Bekleidung

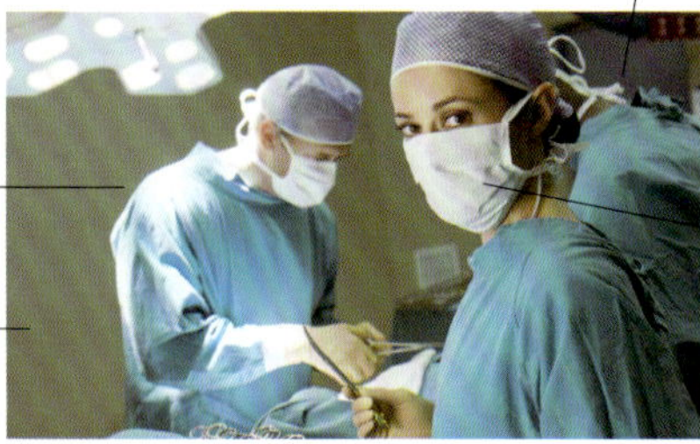

le chirurgien
der Chirurg

la salle d'opération
der Operationssaal (OP)

le masque
der Mundschutz

l'opération
die Operation

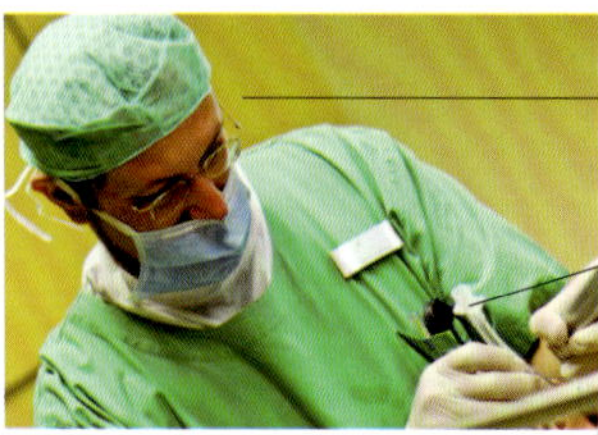

l'anesthésiste
der Anästhesist

l'anesthésie
die Narkose

les instruments chirurgicaux
das Operationsbesteck

le scalpel
das Skalpell

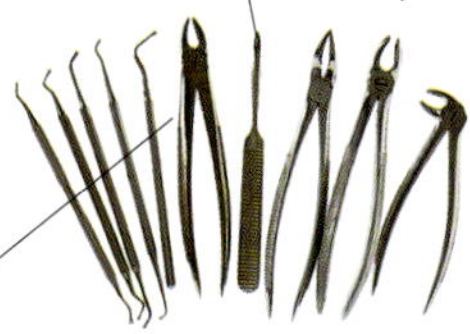

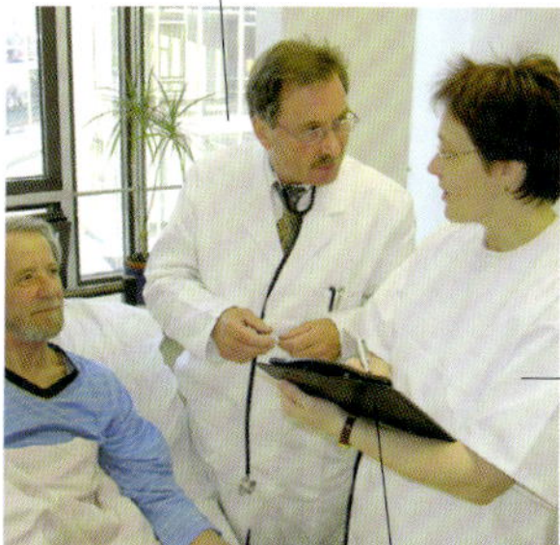

le chef de service
der Oberarzt

l'infirmière
die Krankenschwester

la visite du chef de service
die Visite

le dossier médical
der Krankenbericht

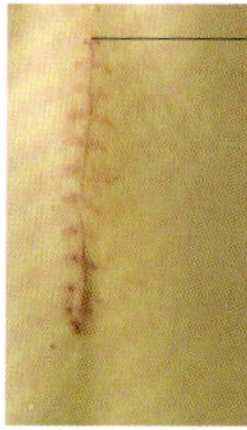

la cicatrice
die Narbe

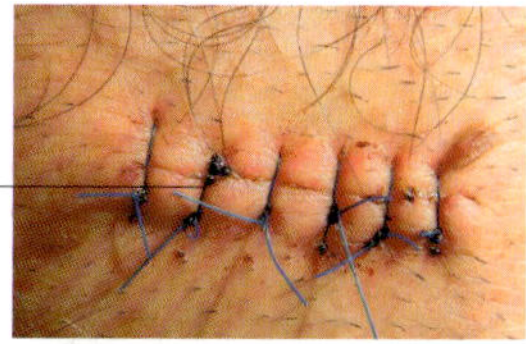

la suture
die Naht

retirer les points
die Fäden ziehen

le médecin assistant
der Assistenzarzt

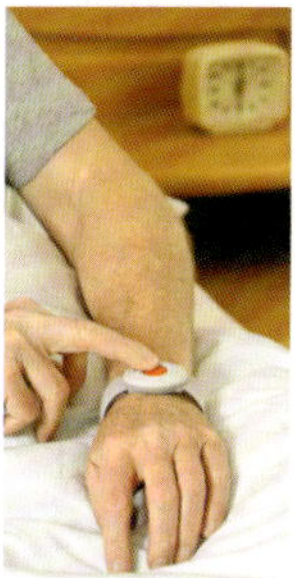

la sonnette
die Klingel

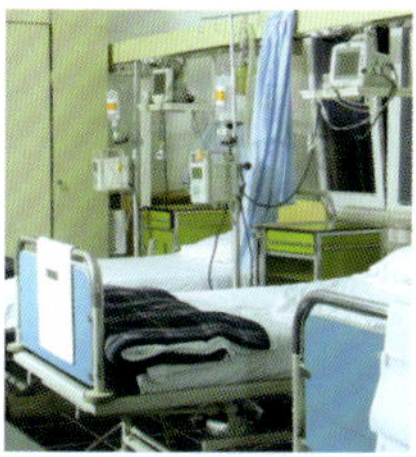

l'unité des soins intensifs
die Intensivstation

la maternité
die Entbindungsstation

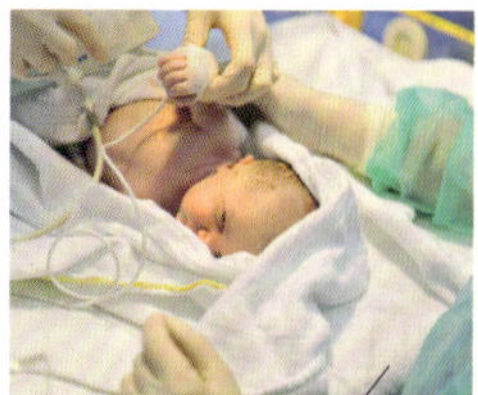

la salle d'accouchement
der Kreißsaal

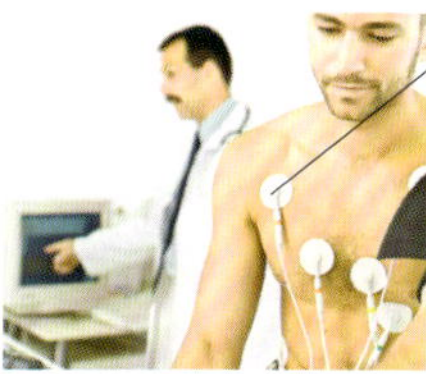

l'électrode
die Elektrode

la cardiologie
die Kardiologie

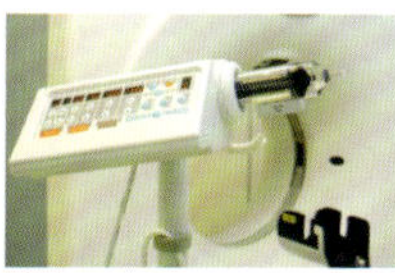

le tomodensitomètre
der Computertomograf

le malade en consultation externe – der ambulante Patient

le malade hospitalisé – der stationäre Patient

l'hôpital spécialisé – die Fachklinik

admis – aufgenommen

déchargé – entlassen

Chez le dentiste – Beim Zahnarzt

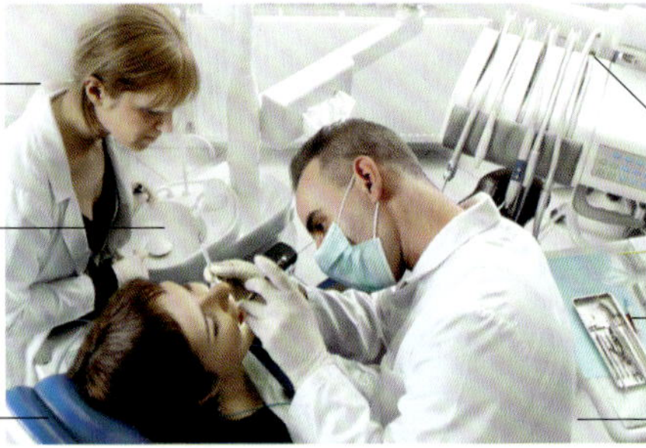

l'assistante dentaire
die Zahnarzthelferin

le lavabo
das Spuckbecken

le fauteuil de dentiste
der Behandlungsstuhl

la fraise
der Bohrer

l'anesthésie locale
die örtliche Betäubung

le dentiste
der Zahnarzt

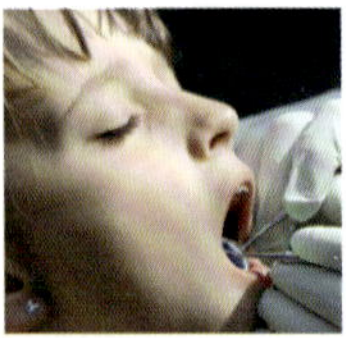

le plombage
die Zahnfüllung

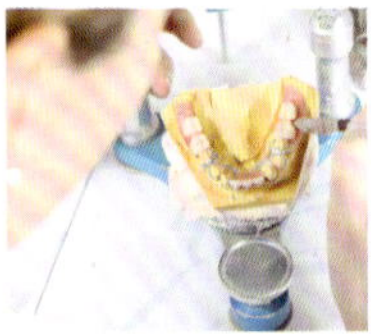

la couronne
die Krone

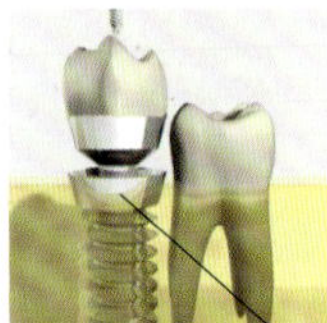

l'implant
das Implantat

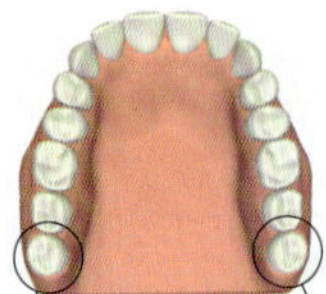

le dent de sagesse
der Weisheitszahn

la racine de la dent
die Zahnwurzel

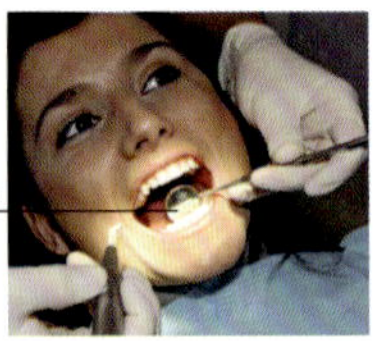

le miroir de bouche
der Mundspiegel

l'endodontie
die Wurzelbehandlung

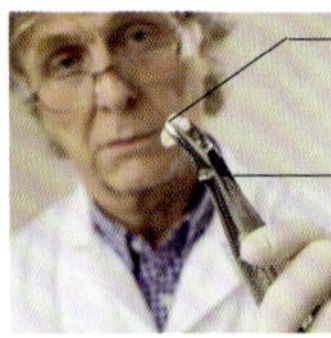

arracher une dent
einen Zahn ziehen

le davier
die Zahnarzt-Zange

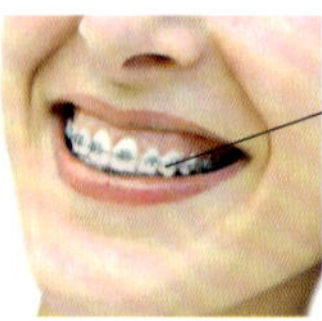

les bagues
die Zahnspange

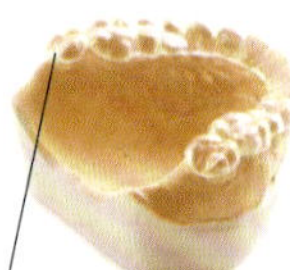

la gouttière
die Beißschiene

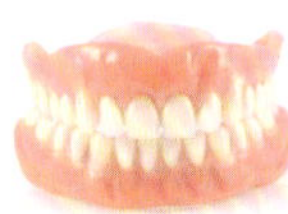

les dentiers
die Prothese

La prévention et les soins alternatifs – Die Vorsorge und die alternativen Heilmethoden

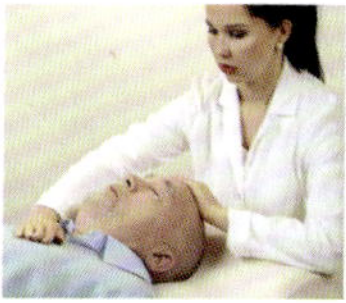

la praticienne de médecine alternative
die Heilpraktikerin

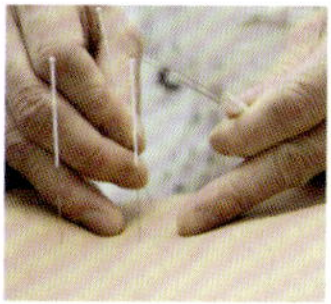

l'acupuncture
die Akupunktur

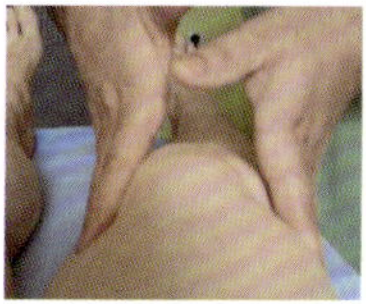

le drainage lymphatique
die Lymphdrainage

l'homéopathie
die Homöopathie

les remèdes homéopathiques
die homöopathische Medizin

les plantes
die Heilkräuter

la méditation
die Meditation

les thermes historiques
das historische Kurhaus

le centre de cure
der Kurort

la cure de Kneip
die Kneippanwendung

l'inhalation
die Inhalation

le régime
die Diät

l'enveloppement de boue
die Fangopackung

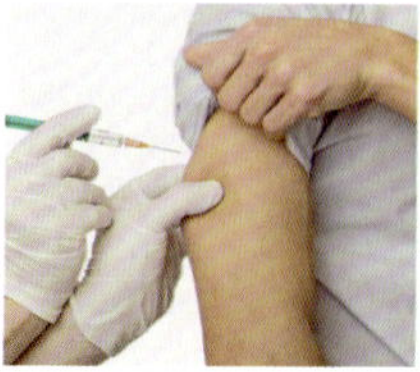

la vaccination
die Impfung

la vapeur – der Dampf
partir en cure – in Kur gehen
la détoxication – die Entgiftung
le training autogène – das autogene Training
la relaxation – die Entspannung
le tétanos – Tetanus
la diphtérie – Diphtherie
la polio – die Kinderlähmung
l'hépatite – Hepatitis
le typhus – Typhus

L'ÉDUCATION ET LA VIE PROFESSIONNELLE – DIE AUSBILDUNG UND DAS BERUFSLEBEN

L'école et la faculté – Die Schule und die Universität

les écoliers
die Schulkinder

l'uniforme d'écolier
die Schuluniform

le panier-repas
die Butterbrotdose

le sandwich
das belegte Brot

l'attache
der Verschluss

le cartable
die Schultasche

le bus scolaire
der Schulbus

le toboggan
die Rutsche

le mur de corde
das Klettergerüst

le bâtiment de l'école
das Schulgebäude

la cour d'école
der Schulhof

l'aire de jeux
der Spielplatz

le verrou
das Schloss

le casier
das Schließfach

la sonnerie d'école
die Schulglocke

la salle de réunion
die Aula

le gymnase
die Turnhalle

l'éponge
der Schwamm

la salle de classe
das Klassenzimmer

le tableau noir
die Tafel

la craie
die Kreide

le professeur
die Lehrerin

les mathématiques
der Mathematikunterricht

le rétroprojecteur
der Overheadprojektor

le bloc-notes
der Abreißblock

le bureau
das Pult

le cahier d'exercices
das Schulheft

le manuel scolaire
das Schulbuch

l'équerre
das Geodreieck

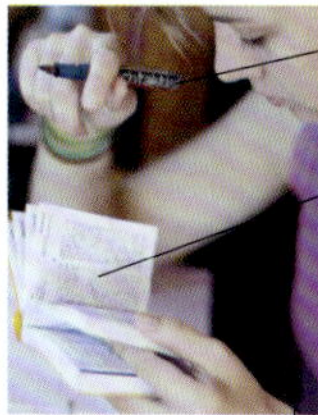

le stylo
der Füller

le dictionnaire
das Wörterbuch

la langue étrangère
die Fremdsprache

le cours de langue
der Sprachunterricht

le capuchon
die Stiftkappe

le stylo à bille
der Kugelschreiber

le surligneur
der Textmarker

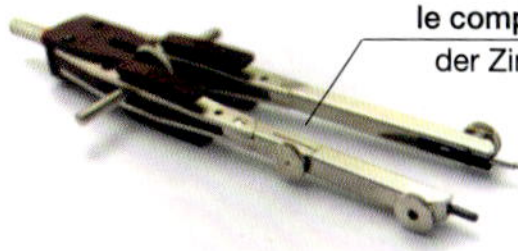

le compas
der Zirkel

le cours d'art plastique
der Kunstunterricht

le crayon de couleur
der Buntstift

le bloc à dessin
der Zeichenblock

la boîte de peinture
der Farbkasten

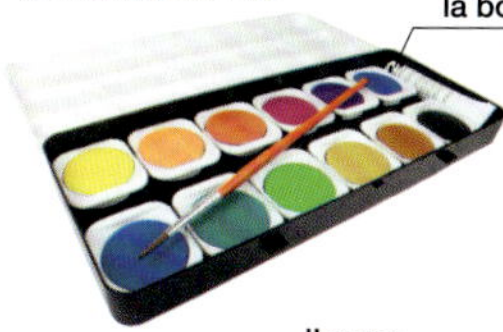

la calculatrice
der Taschenrechner

le globe terrestre
der Globus

l'encre
die Tinte

la gomme
der Radierer

l'effaceu
der Tintenkiller

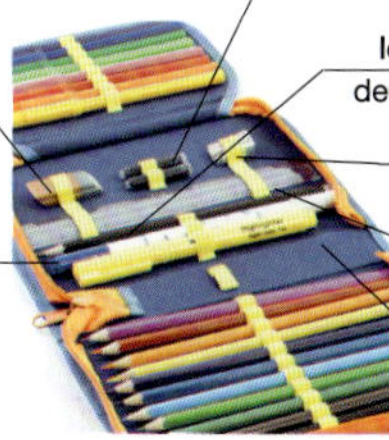

le crayon
der Bleistift

le taille-crayon
der Anspitzer

la règle
das Lineal

la trousse
das Federmäppchen

calculer
rechnen

lire
lesen

écrire
schreiben

l'alphabet
das Alphabet

les élèves
die Schüler

le boulier
der Rechenschieber

compter
zählen

les devoirs d'école
die Hausaufgabe

la halte-garderie – die Krabbelgruppe
le jardin d'enfant, la crèche – der Kindergarten
l'école maternelle – die Vorschule
l'école primaire – die Grundschule
le collège – die Gesamtschule
le lycée – das Gymnasium
l'école privée – die Privatschule
le contrôle – die Klassenarbeit
la note – die Schulnote
le programme scolaire national – der Lehrplan
le principal (directeur) – der Direktor
la leçon – die Schulstunde
la classe (niveau) – die Klassenstufe
l'élève de première année – der Erstklässler
apprendre – lernen
l'enseignement secondaire – der Realschulabschluss
le baccalauréat – das Abitur
obtenir son diplôme – den Abschluss machen
la récréation – die Schulpause
le cours particulier – die Nachhilfe

la faculté
die Hochschule

le campus
der Campus

la bibliothèque
die Bibliothek

la cité universitaire
das Studentenwohnheim

le réfectoire
die Mensa

l'étudiant
der Student

la salle de conférence
der Hörsaal

les mathématiques
die Mathematik

les sciences humaines
die Geisteswissenschaften

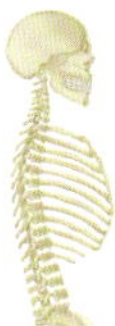

l'études de médecine
Medizinstudium

l'ingénierie
das Ingenieurwesen

Justice
Justitia

le droit
die Rechtswissenschaften

le gestion des affaires
die Betriebswirtschaft

l'histoire de l'art
die Kunstgeschichte

le conférencier – der Dozent
l'examen – die Prüfung
la dissertation – die Examensarbeit
le niveau universitaire– der akademische Grad
le diplôme – das Diplom
la bourse – das Stipendium
la section – der Fachbereich

la littérature
die Literaturwissenschaft

l'ampoule
die Glühbirne

la physique
die Physik

les sciences sociales
die Sozialwissenschaften

Entre l'école et la vie professionnelle – Zwischen Schule und Berufsleben

l'apprenti
der Auszubildende

le service militaire
der Wehrdienst

l'uniforme militaire
die Tarnkleidung

l'armée
die Armee

le soldat
der Soldat

la formation professionnelle
die Berufsschule

la stagiaire
die Praktikantin

le stage
das Praktikum

le photocopien
der Kopierer

le randonneur
der Rucksacktourist

faire du café – Kaffee kochen

l'année sabbatique – das Brückenjahr

le bénévolat – die freiwillige Arbeit

le tour du monde – die Weltreise

la formation – das Volontariat

le service civil – der Zivildienst

le fonctionnaire civil – der Zivildienst-leistende (Zivi)

La demande d'emploi – Die Bewerbung

le candidat
der Bewerber

chercher du travail
die Arbeitssuche

l'offre d'emploi
die Stellenanzeige

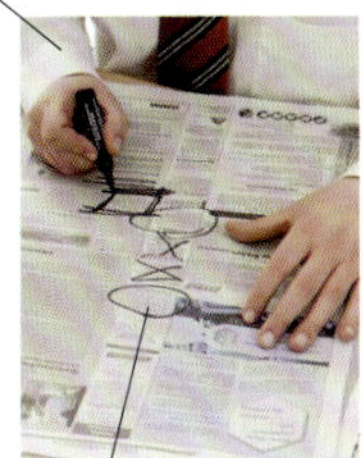

entouré
eingekreist

l'entretien d'embauche
das Bewerbungsgespräch

se serrer la main
sich die Hand geben

la lettre de motivation – das Anschreiben
le *curriculum vitae* (CV) – der Lebenslauf
le diplôme – das Zeugnis
la carrière – die Karriere
l'expérience professionnelle – die Berufserfahrung
les qualifications – die Qualifikationen
les compétences – die Fähigkeiten
les compétences non techniques – die soziale Kompetenz
la candidature spontanée – die Initiativbewerbung
le poste vacant – die freie Stelle
le formulaire de demande – das Bewerbungsformular
le salaire – das Gehalt
la négociation – die Verhandlung
chercher du travail – auf Arbeitssuche
la photo d'identité – das Bewerbungsbild

le book
die Bewerbungsmappe

Les professions – Die Berufe

Le commerce – Das Handwerk

le boulanger
der Bäcker

le ramoneur
der Schornsteinfeger

l'éboueur
der Müllmann

le boucher
der Fleischer

la blouse blanche
der Kittel

la toque de chef
die Kochmütze

la cuisinière
die Köchin

la serveuse
die Kellnerin

le plombier
der Klempner

le casque
der Bauhelm

le couvreur
der Dachdecker

le gilet de sécurité
die Warnweste

l'ouvrier du bâtiment
der Bauarbeiter

le peintre
der Anstreicher

le charpentier
der Schreiner

le bleu de travail
der Blaumann

le mécanicien
der Mechaniker

le postier
der Briefträger

le sac postal
die Posttasche

la vendeuse
die Verkäuferin

les pompes funèbres
der Bestatter

le jardinier
der Gärtner

la récolte
die Ernte

le tailleur
der Schneider

l'infirmière
die Krankenschwester

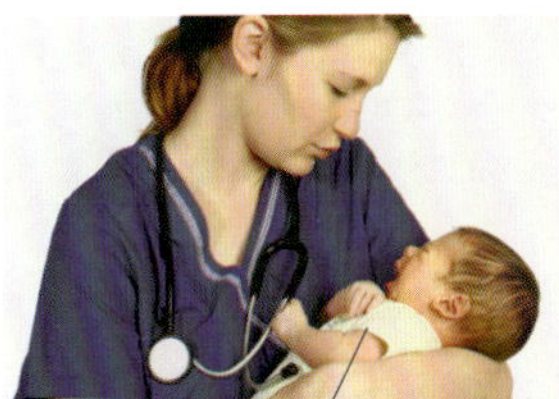

la sage-femme
die Hebamme

la nouveau-né
das Neugeborene

le chauffeur de bus
der Busfahrer

le pilote
der Pilot

l'uniforme
die Uniform

les pâturages
die Weide

la fourche
die Mistgabel

le poteau
der Zaunpfahl

le fermier
der Landwirt

la clôture électrique
der Elektrozaun

la policière
die Polizistin

la pompe à incendie
das Feuerwehrauto

le pompier
der Feuerwehrmann

l'agente de la circulation
die Politesse

la blouse de laboratoire
der Arztkittel

la doctoresse
die Ärztin

gants en caoutchouc
die Gummihandschuhe

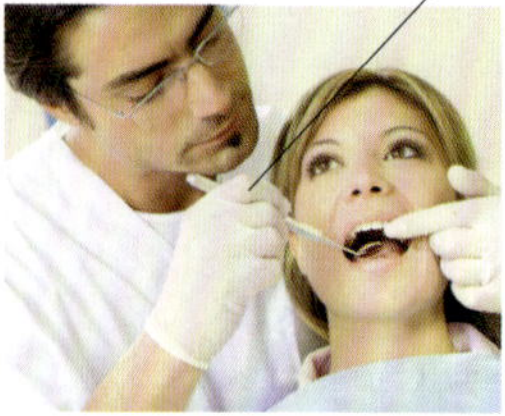

le dentiste
der Zahnarzt

le vétérinaire
der Tierarzt

le directeur de banque
der Bankdirektor

la secrétaire
die Sekretärin

le bibliothécaire
der Bibliothekar

le tube à essai
das Reagenzglas

le laboratoire
das Labor

la scientifique
die Wissenschaftlerin

le jury
die Geschworenen

la cour
das Gericht

l'avocat
der Anwalt

l'ingénieur
der Ingenieur

le marteau
der Hammer (Gericht)

le photographe
der Fotograf

la robe
der Talar

le juge
der Richter

la chanteuse
die Sängerin

les paparazzi
die Paparazzi

l'actrice
die Schauspielerin

la consultante
die Beraterin

le graphiste
der Grafiker

Au bureau – Im Büro

s'ennuyer
sich langweilen

l'accueil
der Empfang

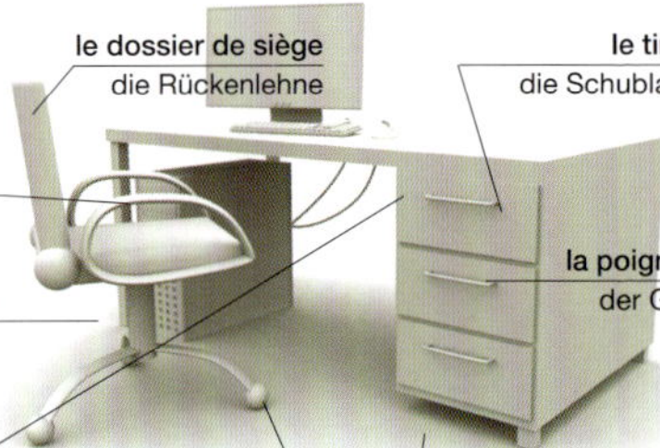

le dossier de siège
die Rückenlehne

le tiroir
die Schublade

l'accoudoir
die Armlehne

la poignée
der Griff

le fauteuil pivotant
der Drehstuhl

le bureau
der Schreibtisch

la roulette
die Rolle

le mobilier de bureau
die Büromöbel

la lampe de bureau
die Schreibtischlampe

le classeur
der Aktenschrank

la bibliothèque
das Bücherregal

la fontaine à eau
der Wasserspender

la kitchenette
die Teeküche

l'écran
die Leinwand

la salle de conférence
der Konferenzraum

le standard
die Telefonanlage

le fax
das Faxgerät

le combiné
der Telefonhörer

le téléphone
das Telefon

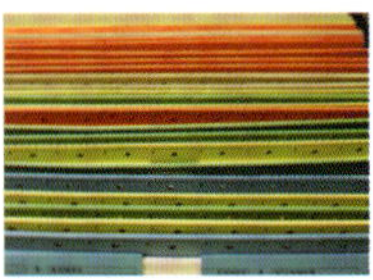

les dossiers suspendus
das Hängeregister

froissé
zerknüllt

la corbeille à papier
der Papierkorb

l'annonce
der Aushang

la punaise
die Reißzwecke

le tableau d'affichage
die Pinnwand

le polaroïd
das Polaroidbild

les fournitures de bureau
der Bürobedarf

le bloc-notes
der Notizblock

les articles de papeterie
die Schreibwaren

l'agrafeuse
der Tacker

la perforatrice
der Locher

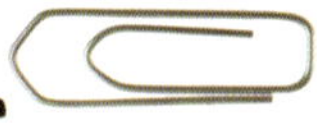

la trombone
die Büroklammer

le ruban adhésif
das Klebeband

le dévidoir de ruban adhésif
der Klebeband-Abroller

le post-it
der Klebezettel

le tampon encreur
der Stempel

l'encrier
das Stempelkissen

l'élastique en caoutchouc
das Gummiband

l'ouvre-lettre
der Brieföffner

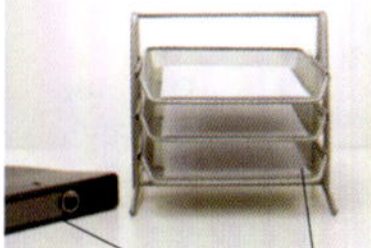

le dossier
der Aktenordner

le casier de bureau
die Aktenablage

le document
die Akte

le bâton de colle
der Klebestift

le destructeur de documents
der Aktenvernichter

La vie professionnelle – Das Berufsleben

le personnel – die Belegschaft

le chef – der Chef

sévère – streng

l'employé – der Angestellte

l'homme d'affaires – der Geschäftsmann

le voyage d'affaires – die Geschäftsreise

le repas d'affaires – das Arbeitsessen

la carte de visite – die Visitenkarte

donner quelque chose à quelqu'un – jemandem etwas überreichen

l'agenda – der Terminkalender

le client – der Kunde

la pause déjeuner – die Mittagspause

la cantine
die Kantine

le tableau de conférence
das Flipchart

la présentation
die Präsentation

le camembert (schéma)
das Tortendiagramm

l'exposition commerciale
die Messe

le comptable – der Wirtschaftsprüfer
le rapport annuel – der Wirtschaftsbericht
la proposition commerciale – die Vorgehensweise
la cote en bourse – die Beurteilung
l'actionnaire/le rentier – der Aktionär/Anteilseigner
la Bourse – die Wertpapierbörse

les horaires de bureau – die Geschäftszeiten
le siège social – das Hauptquartier
le service de comptabilité – die Buchhaltung
le contrat – der Vertrag
le congé annuel – der Jahresurlaub
le congé maternité – der Mutterschaftsurlaub
le remplaçant – die Vertretung
le temps partiel – die Teilzeit
la promotion – die Beförderung
l'équipe de nuit – die Nachtschicht
le salaire brut – das Bruttogehalt
le téléphone de fonction – die Durchwahl
mettre en communication – durchstellen
la facture – die Rechnung
le formulaire – das Formular
le travailleur indépendant – der Freiberufler
le bureau de l'emploi – das Arbeitsamt
au chômage – arbeitslos

La maison – Das Haus

l'avant-toit
der Dachvorsprung

le mur
die Mauer

la gouttière
die Dachrinne

la cheminée
der Schornstein

la boîte aux lettres
der Briefkasten

le garage double
die Doppelgarage

le garage
die Garage

l'allée
die Zufahrt

le seuil
die Türschwelle

le toit
das Dach

la lucarne
das Dachfenster

la lumière du porche
die Haustürlampe

le faîte du toit
der Dachfirst

la fenêtre
das Fenster

la fenêtre en saillie
das Erkerfenster

le rebord de fenêtrel
die Fensterbank

le cadre de fenêtre
der Fensterrahmen

la porte d'entrée
die Haustür

en fer forgé
schmiedeeisern

la plaque signalétique de sonnette
das Klingelschild

la sonnette
die Türklingel

la marquise
das Vordach

le numéro de maison
die Hausnummer

le balcon
der Balkon

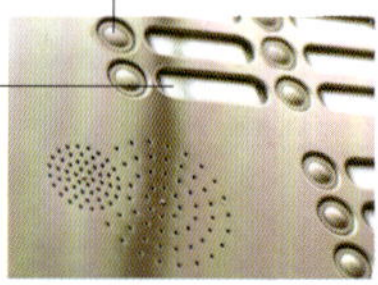

l'interphone
die Sprechanlage

louer – mieten

à louer – zu mieten

à vendre – zu verkaufen

le contrat de location – der Mietvertrag

mettre fin au bail locatif – den Mietvertrag kündigen

le bailleur – der Vermieter

le locataire – der Mieter

l'appartement – die Wohnung

l'ascenseur – der Aufzug

la gérance de la propriété – die Hausverwaltung

le gardien – der Hausmeister

le carport – der Unterstellplatz

la rénovation – der Umbau

l'extension – der Anbau

l'immeuble – das Mietshaus

la propriété – das Eigentum

la parcelle de terrain – das Grundstück

le registre foncier – das Grundbuch

le plan au sol – der Grundriss

la taxe foncière – die Grundsteuer

Le couloir – Die Diele

la penderie
die Garderobe

le miroir
der Spiegel

le parapluie
der Schirm

le porte-parapluie
der Schirmständer

le paillasson
die Fußmatte

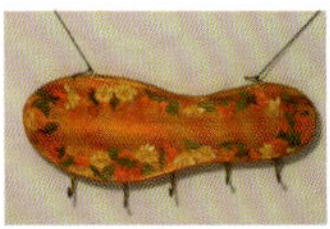

le porte-clés
das Schlüsselbrett

la clé
der Schlüssel

le verrou
das Schloss

le meuble à chaussures
der Schuhschrank

le portemanteau
der Garderobenständer

la rampe
das Treppengeländer

le palier
der Treppenabsatz

l'escalier
die Treppe

La cuisine – Die Küche

la hotte de cuisine
die Dunstabzugshaube

le support pour filtres
der Filtertütenhalter

le porte essuie-tout
der Küchenpapierhalter

la cuisine équipée
die Einbauküche

le filtre
die Filtertüte

le robinet
der Wasserhahn

le range couteaux
der Messerblock

l'évier
die Spüle

la cuisinière à gaz
der Gasherd

le placard mural
der Oberschrank

le tiroir
die Schublade

le placard
der Unterschrank

le plan de travail
die Arbeitsplatte

la cuisinière électrique
der Elektroherd

l'égouttoir
das Abtropfbrett

la machine à café
die Kaffeemaschine

la plaque
das Kochfeld

la coupe de fruits
die Obstschale

le bouton de commande
der Schalter

la plaque à pâtisserie
das Backblech

la grille
der Rost

le four
der Backofen

la bonde
der Stöpsel

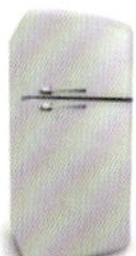

le réfrigérateur/le combiné frigo-réfrigérateur
die Kühl-/Gefrierkombination

le lave-vaisselle
die Spülmaschine

l'extracteur de jus
der Entsafter

le presse-agrumes électrique
die elektrische Saftpresse

le presse-agrumes
die Saftpresse

Autre électroménager – Weitere Küchengeräte

le four à micro-ondes
die Mikrowelle

la minuterie
der Timer

le panneau de commande
das Bedienfeld

le mixeur
der Standmixer

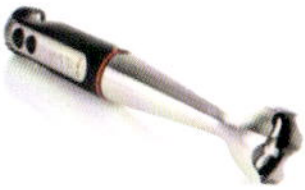

le mixeur plongeant
der Pürierstab

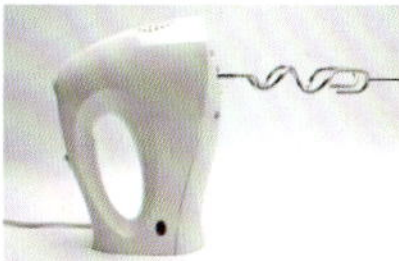

le batteur à main
der Handmixer

le crochet pétrisseur
der Knethaken

les fouets de batteur à quatre lames
der Rührhaken

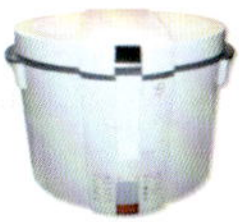

la friteuse
die Fritteuse

le moulin à café
die Kaffeemühle

le café en grains
die Kaffeebohnen

la manivelle
die Kurbel

l'œufrier
der Eierkocher

la bouilloire électrique
der Wasserkocher

le grill électrique
der Tischgrill

les grillables
das Grillgut

le robot de cuisine
die Universal-Küchenmaschine

le grille-pain
der Toaster

la fente pour le pain
der Toastschlitz

la manette
der Hebel

le contrôle de température
der Temperaturregler

La cuisine et les ustensiles – Die Küchen- und Kochutensilien

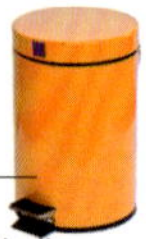

la poubelle
der Mülleimer

la poubelle à pédale
der Treteimer

le sac poubelle
der Müllbeutel

l'égouttoir
das Abtropfgitter

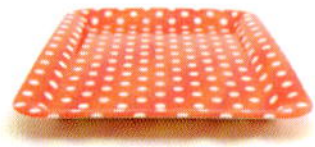

le plateau
das Tablett

la chauffe-tasse
das Stövchen

la manique
der Topflappen

le gant à four
der Ofenhandschuh

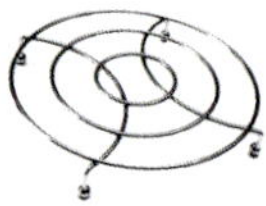

le dessous-de-plat
der Untersetzer

le film alimentaire
die Frischhaltefolie

l'aluminium
die Alufolie

le sac congélation
der Gefrierbeutel

le tablier
die Schürze

le torchon
das Geschirrhandtuch

le papier absorbant
das Küchenpapier

l'ouvre-boîte
der Dosenöffner

la planche à découper
das Schneidebrett

le livre de cuisine
das Kochbuch

le lutrin pour livre de cuisine
der Kochbuchständer

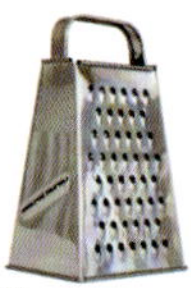

la râpe
die Reibe

l'économe
der Schäler

le couteau à pain
das Brotmesser

le couperet
das Hackmesser

la louche
die (Suppen-)Kelle

l'écumoire
der Schöpflöffel

la spatule
der Pfannenwender

la cuillère en bois
der Kochlöffel

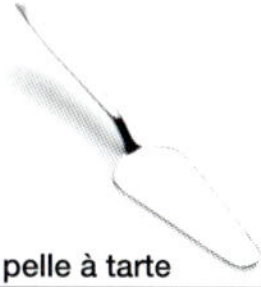

la pelle à tarte
der Tortenheber

les pinces à spaghettis
die Nudelzange

le pilon
der Stößel

le mortier
der Mörser

le tamis
das Haarsieb

la passoire
das Abtropfsieb

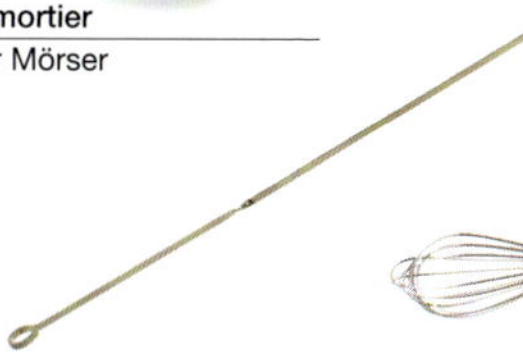

la brochette
der Spieß

le fouet
der Schneebesen

l'écrase-purée
der Stampfer

le rouleau à pâtisserie
das Nudelholz

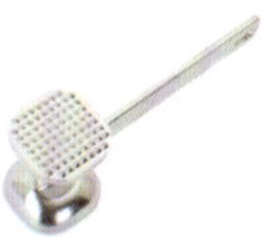

l'attendrisseur de viande
der Fleischklopfer

le pinceau à pâtisserie
der Backpinsel

l'aiguiseur
der Messerschärfer

le verre doseur
der Messbecher

le sablier
die Eieruhr

la minuterie de cuisine
der Küchenwecker

l'entonnoir
der Trichter

la balance de cuisine
die Haushaltswaage

la bouteille isotherme
die Thermoskanne

le coupe-œufs
der Eierschneider

l'emporte-pièce
das Ausstechförmchen

la roulette crantée
das Teigrad

la trancheuse pour ananas
der Ananasschneider

la grille à pâtisserie
das Kuchengitter

le moule à gâteau
die Napfkuchenform

le moule à cake
die Kastenform

le moule à charnière
die Springform

Les plats de cuisson – Das Kochgeschirr

le wok
der Wok

le plat de cuisson en terre cuite
der Römertopf

l'autocuiseur
der Schnellkochtopf

le cuiseur à riz
der Reiskochtopf

le couvercle
der Topfdeckel

la poêle
die Pfanne

le faitout
der Kochtopf

la casserole à lait
der Milchtopf

Les couverts et la vaisselle – Das Besteck und das Geschirr

le tiroir à couverts
der Besteckkasten

la cuillère à œuf
der Eierlöffel

la cuillère à café
der Teelöffel

la fourchette à dessert
die Kuchengabel

la fourchette
die Gabel

la cuillère à soupe
der Esslöffel

le couteau
das Messer

le couteau de cuisine
das Küchenmesser

l'ouvre-bouteille
der Flaschenöffner

le tire-bouchon
der Korkenzieher

le presse-ail
die Knoblauch-presse

l'économe
der Schäler

l'ouvre-boîte
der Dosenöffner

les ciseaux
die Schere

le cure-dents
der Zahnstocher

la boule à thé
das Tee-Ei

la brosse à légumes
die Gemüsebürste

les couverts pour enfant
das Kinderbesteck

le bol
die Schüssel

l'assiette
der Teller

l'assiette à soupe
der Suppenteller

la tasse à café
die Kaffeetasse

la tasse à thé
die Teetasse

la théière
die Teekanne

la tasse
der Becher

la cafetière
die Kaffeekanne

la cruche
der Krug

la carafe
die Karaffe

le verre à eau
das Wasserglas

la flûte à champagne
das Sektglas

le verre à vin rouge
das Rotweinglas

le verre à vin blanc
das Weißweinglas

le verre à rosé
das Roséglas

le verre à liqueur
das Schnapsglas

la grande assiette
der Essteller

le service à salade
das Salatbesteck

le saladier
die Salatschüssel

le bol à dessert
das Dessertschälchen

les petites assiettes
die Beilagenteller

le coquetier
der Eierbecher

la salière et la poivrière
Salz- und Pfefferstreuer

la plat de service
die Servierplatte

la tâche culinaire – die Küchenarbeit

cuisiner – kochen

cuire au four – backen

trancher – (klein) schneiden

couper – (zer-)schneiden

couper en morceaux – in Stücke schneiden

hacher – hacken

éplucher – schälen

remuer – rühren

mélanger – verrühren

râper – reiben

écraser – pürieren

abaisser – ausrollen

cuire à la vapeur – dämpfen

blanchir – blanchieren

pocher – pochieren

déglacer – ablöschen

faire revenir – braten

griller – grillen

rôtir – braten, rösten

faire sauter – anbraten

fouetter – schlagen

faire bouillir – kochen, sieden

mijoter – köcheln

verser – schütten

congeler – einfrieren

décongeler – auftauen

éponger – trocken tupfen

rincer – abspülen

porter à ébullition – zum Kochen bringen

faire mariner – marinieren

faire fondre – schmelzen

réserver – beiseite stellen

La salle à manger – Das Esszimmer

la chaise haute
der Kinderhochstuhl

Le salon – Das Wohnzimmer

le cadre
der Bilderrahmen

le rideau
der Vorhang

le lampadaire
die Stehlampe

la plante d'appartement
die Zimmerpflanze

le bougeoir
der Kerzenhalter

le canapé
das Sofa

le coussin de canapé
das Sofakissen

la table basse
der Couchtisch

le tableau
das Gemälde

le manteau de cheminée
der Kaminsims

la cheminée
der Kamin

le fauteuil
der Sessel

le petit meuble
der Beistell-schrank

le vase
die Blumenvase

le tapis
der Teppich

l'horloge grand-père
die Standuhr

le plafonnier
die Deckenlampe

le fauteuil à bascule
der Schaukelstuhl

le canapé-lit
die Schlafcouch

la bibliothèque
das Bücherregal

l'unité murale
die Schrankwand

le store vénitien
die Jalousie

le store à enrouleur
das Rollo

la cassette
die Kassette

le magnétophone
das Kassettendeck

le disque
die Schallplatte

le bras du tourne-disque
der Tonarm

la tête de lecteur
der Tonabnehmer

platine
der Plattenteller

le mangétoscope
der Videorekorder

la cassette vidéo
die Videokassette

le DVD
die DVD

la télécommande
die Fernbedienung

l'écran plat
der Flachbildschirm

le vase
die Blumenvase

le lecteur CD
der CD-Player

le magnétophone
das Tonbandgerät

la télévision
das Fernsehgerät

le récepteur DVB-T
der DVB-T-Empfänger

le lecteur DVD
der DVD-Player

le CD
die CD

la chaîne hi-fi
die Stereoanlage

l'amplificateur
der Verstärker

le sol stratifié
der Laminatboden

La chambre d'enfant – Das Kinderzimmer

le mobile
das Mobile

le lit d'enfant
das Gitterbett

la poupée
die Puppe

le ballon
der Luftballon

les jouets
das Spielzeug

le coffre à jouets
die Spielzeugkiste

le train en bois
die Holzeisen-
bahn

la balle
der Ball

le jouet en peluche
das Stofftier

les briques de construction
die Bauklötze

la barrière d'escalier
das Treppengitter

le matelas à langer
die Wickelauflage

la table à langer
der Wickeltisch

la pile
der Stapel

les couches
die Windeln

le lit mezzanine
das Hochbett

l'ours en peluche
der Teddybär

la maison de poupée
das Puppenhaus

le livre pour enfant
das Kinderbuch

le cheval à bascule
das Schaukelpferd

la console de jeu
die Spielekonsole

les crayons de couleur
die Buntstifte

le livre de contes
das Bilderbuch

la bande dessinée
der Comic

l'affiche
das Poster

la voiture (jouet)
das Spielzeugauto

la toupie
der Kreisel

le canard en plastique
die Badeente

le chemin de fer miniature
die Modelleisenbahn

le cartable
der Schulranzen

le bureau
der Schreibtisch

l'armoire
der Schrank

le robot (jouet)
der Spielzeugroboter

la remorque (jouet)
der Spielzeuganhänger

le tracteur (jouet)
der Spielzeugtraktor

le cerf-volant
der Drachen

La salle de bains – Das Badezimmer

la pomme de douche
der Duschkopf

la cabine de douche
die Duschkabine

le carrelage mural
die Wandfliese

la baignoire
die Badewanne

la bonde
der Abfluss

le lavabo
das Waschbecken

le miroir
der Spiegel

le carrelage
die Bodenfliese

le robinet
der Wasserhahn

le miroir de meuble de toilette
der Spiegelschrank

la chasse d'eau
die Toilettenspülung

l'armoire de toilette
der Badezimmerschrank

le dévidoir pour papier hygiénique
der Toilettenpapierhalter

le meuble de salle de bains
der Badezimmerunterschrank

l'abattant des toilettes
der Klodeckel

les toilettes
die Toilette

la lunette des toilettes
die Klobrille

la serviette de bain
das Badetuch

la flanelle
der Waschlappen

la serviette
das Handtuch

le peignoir de bain
der Bademantel

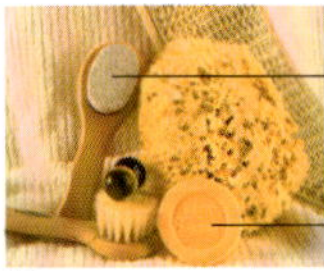

la pierre ponce
der Bimsstein

le savon
die Seife

l'éponge
der Schwamm

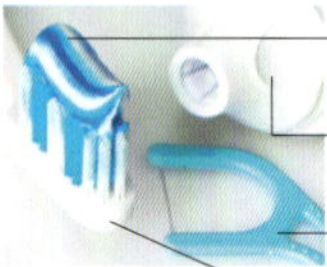

la dentifrice
die Zahnpasta

le tube de dentifrice
die Zahnpastatube

le fil dentaire
die Zahnseide

la brosse à dents
die Zahnbürste

le rince-bouche
das Mundwasser

le rasoir
der Nassrasierer

le sèche-cheveux
der Föhn

la brosse à cheveux
die Haarbürste

la brosse ronde
die Rundbürste

le peigne
der Kamm

la lame de rasoir
die Rasierklinge

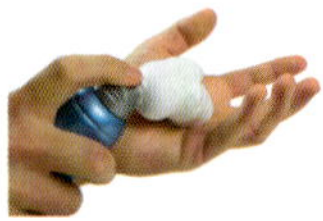

la mousse à raser
der Rasierschaum

le rasoir électrique
der Rasierapparat

l'après-rasage
das Rasierwasser

la tondeuse à barbe
der Bartschneider

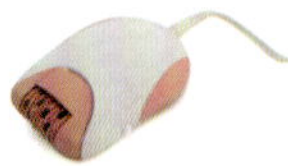

l'épilateur
das Epiliergerät

le parfum
das Parfüm

le déodorant
das Deo

le coton-tige
das Wattestäbchen

la brosse des toilettes
die Klobürste

la ventouse
die Saugglocke

le papier hygiénique
das Toilettenpapier

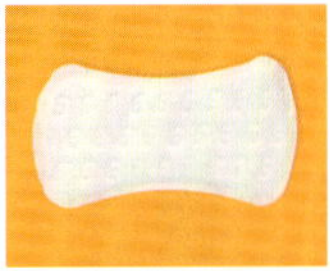

la serviette hygiénique
die Damenbinde

le cordon
die Schnur

le tampon
der Tampon

la pince à épiler
die Pinzette

le coton
das Wattepad

le protège-slip
die Slipeinlage

Les cosmétiques – Die Kosmetik

le gel douche
das Duschgel

la crème
die Creme

le maquillage
das Make-up

le rouge à lèvres
der Lippenstift

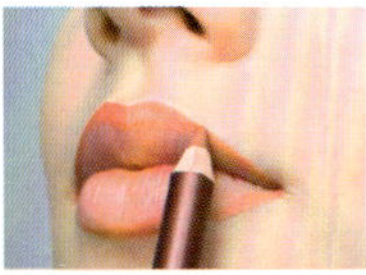

le crayon à lèvres
der Lippenkonturenstift

le mascara
die Wimperntusche

le gloss à lèvres
der Lipgloss

le fard à joue
das Rouge

la poudre
das Puder

l'eyeliner
der Eyeliner

le crayon pour les yeux
der Augenbrauenstift

le démaquillant pour les yeux
der Augen-Make-up-Entferner

le correcteur de teint
der Abdeckstift

le shampooing
das Schampoo

l'ombre à paupières
der Lidschatten

la coloration pour cheveux
die (Haar-)Tönung

l'huile de massage
das Massageöl

la cire pour cheveux
das Haarwachs

le gel coiffant
das Haargel

l'après-shampooing
die Haarspülung

se laver – sich waschen

prendre une douche – duschen

prendre un bain – baden

se brosser les dents – Zähne putzen

se mettre de la lotion – sich eincremen

aller aux toilettes – auf die Toilette gehen

se raser – rasieren

sécher (au sèche-cheveux) – föhnen

le gommage – das Peeling

appliquer un masque pour le visage – eine Gesichtsmaske auftragen

laisser poser – einwirken lassen

La chambre à coucher – Das Schlafzimmer

la lampe de chevet
die Nachttischlampe

le traversin
die Nackenrolle

le pied du lit
das Fußteil

le couvre-lit
die Überdecke

la descente de lit
der Bettvorleger

le pyjama
der Schlafanzug

l'oreiller
das Kissen

la tête de lit
das Kopfteil

la commode
die Kommode

la couverture
die Decke

le matelas
die Matratze

le lit double
das Doppelbett

la penderie
der Kleider-
schrank

la table de chevet
der Nachttisch

le drap
das Laken

le cadre de lit
das Bettgestell

s'endormir – einschlafen
dormir – schlafen
ronfler – schnarchen
endormi – schlafend
rêver – träumen
insomnie – die Schlaflosigkeit
se réveiller – aufwachen
éveillé – wach

la chemise de nuit
das Nachthemd

le réveil
der Wecker

la radio-réveil
der Radiowecker

la boîte à bijoux
das Schmuckkästchen

la bouillotte
die Wärmflasche

les mouchoirs en papier
die Papiertücher

le masque de sommeil
die Schlafbrille

le sommier à lattes
der Lattenrost

Le cellier – Der Keller

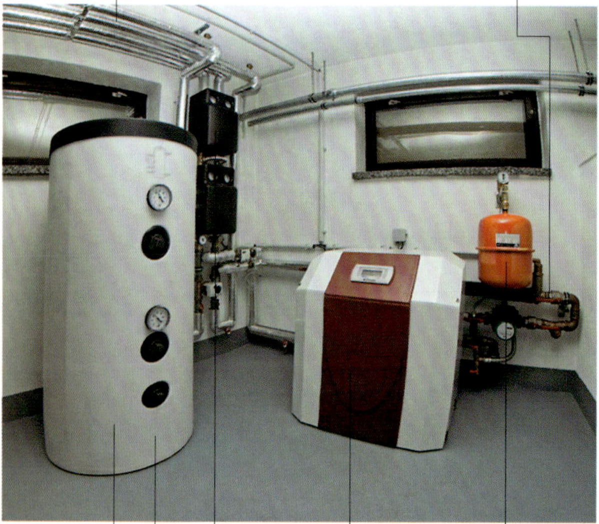

le compteur à gaz
der Gaszähler

le compteur électrique
der Stromzähler

le compteur d'eau
der Wasserzähler

le balai
der Besen

la serpillière espagnole
der Wischmopp

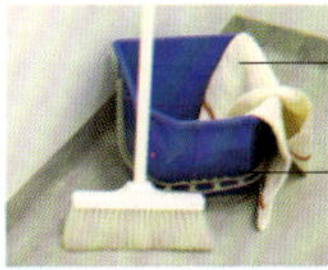

la serpillière
der Putzlappen

le seau de nettoyage
der (Putz-)Eimer

le balai-brosse
der Schrubber

le plumeau
der Staubwedel

le brosse à main
der Handfeger

la pelle à poussière
das Kehrblech

l'aspirateur
der Staubsauger

le javelisant
das Reinigungsmittel

l'escabeau
die Trittleiter

la raclette à vitre
der Fensterwischer

les travaux ménagers – die Hausarbeit
laver le linge – Wäsche waschen
nettoyer – putzen
faire la vaisselle – spülen
essuyer – wischen
balayer – fegen
astiquer – polieren
épousseter – (Staub) wischen
passer l'aspirateur – staubsaugen
récurer – schrubben
repasser – bügeln
étendre le linge – die Wäsche aufhängen
décrocher le linge – die Wäsche abnehmen
plier le linge – die Wäsche falten
ranger le linge – die Wäsche wegräumen
ranger – aufräumen
le désordre – die Unordnung

L'établi – Die Werkbank

à carreaux
kariert

l'établi
die Werkbank

la scie circulaire
die Kreissäge

les gants de protection
die Schutzhandschuhe

le marteau
der Hammer

la scie à main
die Handsäge

la scie à métaux
die Metallsäge

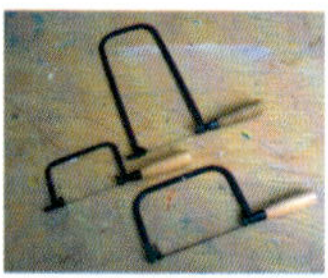

les scies à chantourner
die Laubsägen

la scie sauteuse
die Stichsäge

les tenailles
die Kneifzange

le tournevis
der Schraubenzieher

la clé Allen
der Innensechskant-schlüssel

la lime
die Feile

le papier de verre
das Schleifpapier

le rabot
der Hobel

le burin
der Meißel

la clé à écrous
der Schraubenschlüssel

la clé à molette
der Engländer

la pince multiprises
die Rohrzange

l'étau
der Schraubstock

le niveau à bulle
die Wasserwaage

le fer à souder
der Lötkolben

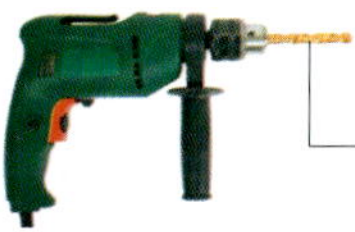

le foret
der Bohrer

la perceuse électrique
die Bohrmaschine

le tournevis sans fil
der Akkuschrauber

la vis
die Schraube

le clou
der Nagel

la cheville
der Dübel

la règle de charpentier
der Zollstock

le mètre à ruban
das Maßband

La buanderie – Der Waschkeller

le détergent à lessive
das Waschmittel

l'étendoir
der Wäscheständer

la femme de ménage
die Zugehfrau

la tringle à vêtements
die Kleiderstange

la machine à laver le linge
die Waschmaschine

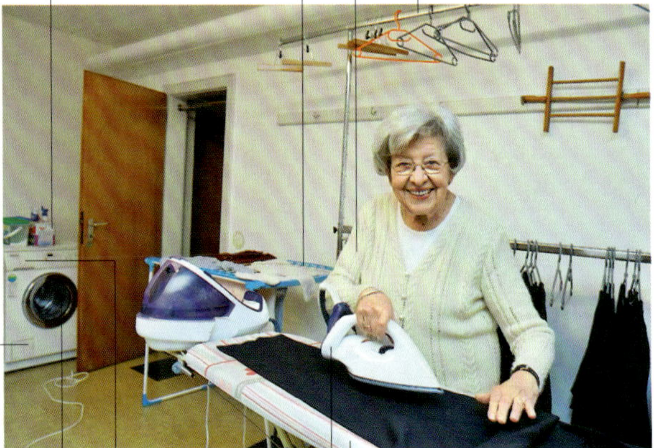

le tambour de lavage
die Wäschetrommel

le tiroir distributeur de lessive
das Waschmittelschubfach

le fer à repasser
das Bügeleisen

la planche à repasser
das Bügelbrett

le repassage
die Bügelwäsche

la pince à linge
die Wäscheklammer

le sèche-linge
der Wäschetrockner

le panier à linge
der Wäschekorb

la corde à linge
die Wäscheleine

le panier à linge sale
der Schmutzwäschekorb

l'adoucissant
der Weichspüler

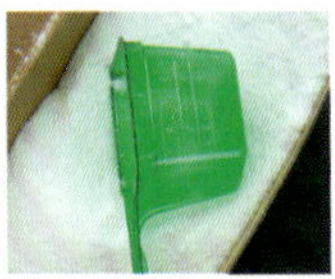

le détachant
das Fleckensalz

la planche à laver
das Waschbrett

L'abri de jardin – Der Schuppen

la pelle
die Schaufel

le râteau
die Harke

le balai à gazon
der Rechen

la bêche
der Spaten

le fourche
die Heugabel

le sécateur
die Gartenschere

le taille-haie
die Heckenschere

les gants de jardinage
die Gartenhandschuhe

les bottes en caoutchouc
die Gummistiefel

la brouette
die Schubkarre

la tondeuse à gazon
der Rasenmäher

la faux
die Sense

la débroussailleuse
die Motorsense

l'arrosoir
die Gießkanne

le tuyau d'arrosage
der Gartenschlauch

l'arroseur
der Rasensprenger

la tronçonneuse
die Kettensäge

Le jardin – Der Garten

le parterre de fleurs
das Blumenbeet

le potager
das Gemüsebeet

l'arbuste
der Busch

la haie
die Hecke

le bassin
der Teich

la clôture en bois
der Holzzaun

le composteur
der Komposter

la terrasse
die Terrasse

les meubles de jardin
die Gartenmöbel

le pavillon de jardin
der Pavillon

la pergola
die Laube

la serre
das Gewächshaus

la balancelle
die Hollywoodschaukel

le mur
die Mauer

la pelouse
die Rasenfläche

la porte de jardin
das Gartentor

le chemin en pierre
der Plattenweg

le gravier
das Kiesbett

la niche
die Hundehütte

le récupérateur d'eau de pluie
die Regentonne

le chauffe-terrasse
der Heizstrahler

les nains de jardin
die Gartenzwerge

la pataugeoire
das Planschbecken

la bascule
die Wippe

l'échelle de corde
die Strickleiter

la balançoire
die Schaukel

le portique
das Klettergerüst

le toboggan
die Rutsche

la table de pique-nique
der Picknicktisch

le bac à sable
der Sandkasten

le jardinage – die Gartenarbeit

pousser – anbauen

planter – pflanzen

semer – sähen

cultiver – züchten

arroser – gießen

tondre – mähen

creuser – graben

tailler – stutzen

élaguer – beschneiden

asperger – sprühen

récolter – ernten

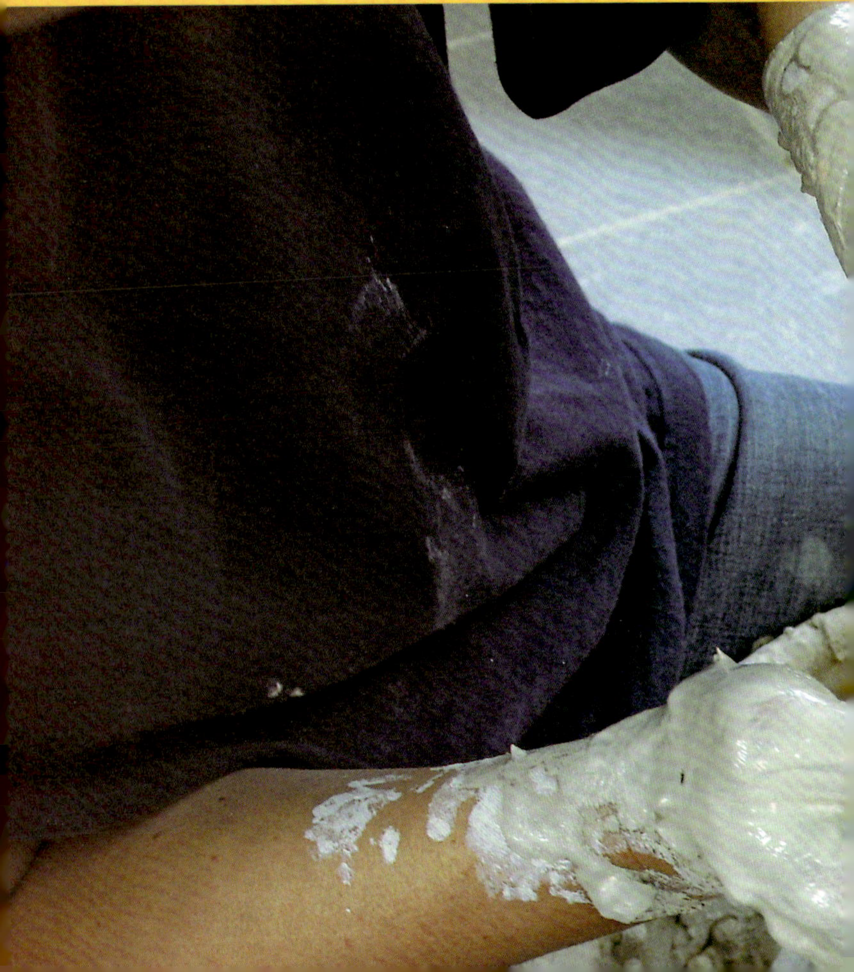

Peindre et dessiner – Das Malen und das Zeichnen

Les couleurs – die Farben

blanc	weiß
jaune	gelb
orange	orange
rouge	rot
rose	rosa
lilas	flieder
rose vif	pink
violet	violett
lavande	lavendel
bleu ciel	hellblau
bleu azur	azurblau
bleu marine	dunkelblau
turquoise	türkis
menthe à l'eau	mint

vert citron
gelbgrün

vert
grün

vert foncé
dunkelgrün

beige
beige

marron clair
hellbraun

marron
braun

gris
grau

anthracite
anthrazit

argent
silber

or
golden

cuivre
kupfer

noir
schwarz

appliquer par petites touches
tupfen

peindre
malen

dessiner
zeichnen

imprimer
drucken

Les styles de peinture – Die Malarten

la peinture acrylique
die Acrylmalerei

la peinture à l'huile
die Ölmalerei

la peinture à l'aquarelle
die Aquarellmalerei

la peinture sur soie
die Seidenmalerei

la linogravure
der Linoldruck

la peinture murale
die Wandmalerei

la paysage
die Landschaftsmalerei

la portrait
die Porträtmalerei

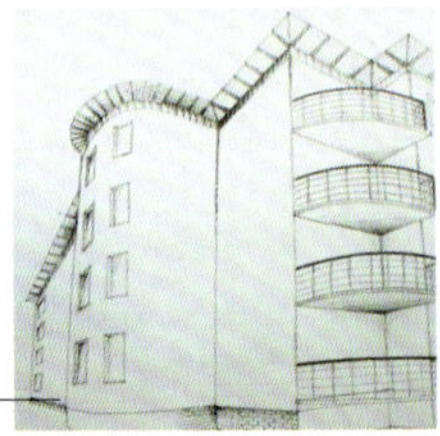

le dessin
die Zeichnung

le dessin au fusain
die Kohlezeichnung

la peinture abstraite
die abstrakte Malerei

le collage
die Collage

la peinture pariétale
die Höhlenmalerei

la peinture rupestre
die Felsenmalerei

la peinture sur bois
die Holzmalerei

la peinture sur verre
die Glasmalerei

la peinture sur porcelaine
die Porzellanmalerei

la peinture à l'aérographe
die Airbrushmalerei

la nature morte
das Stillleben

le beau livre
der Bildband

la sculpture
die Skulptur

le croquis – die Skizze
le graffiti – das Graffito
la peinture de nu – die Aktmalerei
sculpter – formen
l'objet d'art – das Kunstobjekt
l'inspiration – die Inspiration
le style – der Stil
l'art décoratif – das Kunsthandwerk
l'artiste – der Künstler
le studio – das Atelier
l'œuvre d'art – das Kunstwerk
la revue d'art – das Kunstmagazin
le festival d'art – die Kunstmesse
les enchères – die Auktion
le catalogue de l'exposition – der Ausstellungskatalog
le vernissage – die Vernissage

Le matériel de peinture – Das Malzubehör

les crayons
die Buntstifte

les crayons aquarelle
die Aquarellstifte

les crayons de cire
die Wachsmalstifte

la peinture à l'huile
die Ölfarbe

le pinceau
der Pinsel

la laque
die Lackfarbe

la craie
die Kreide

la peinture au doigt
die Fingerfarben

les feutres
die Filzstifte

les pastels gras
die Ölkreiden

la palette de couleurs
die Farbpalette

le chevalet
die Staffelei

la toile
die Leinwand

l'encre
die Tusche

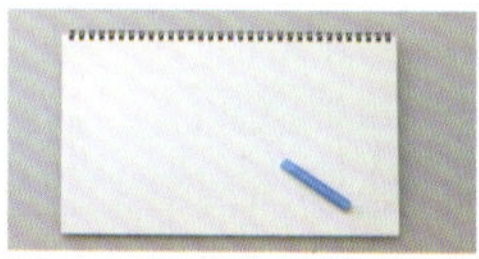

le bloc à dessin
der Zeichenblock

la blouse
der Kittel

le papier aquarelle
das Aquarellpapier

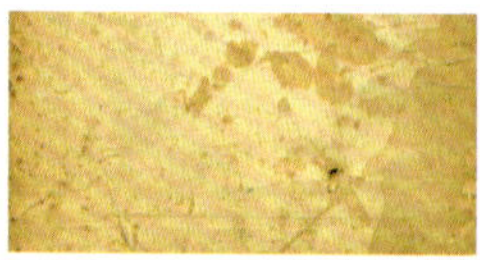

le papier fait main
das Büttenpapier

L'artisanat et le bricolage – Das Basteln und das Heimwerken

coudre
nähen

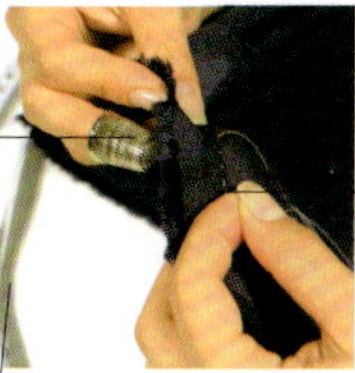

tisser
weben

faire de la poterie
töpfern

broder
sticken

tricoter
stricken

crocheter
häkeln

sculpter
schnitzen

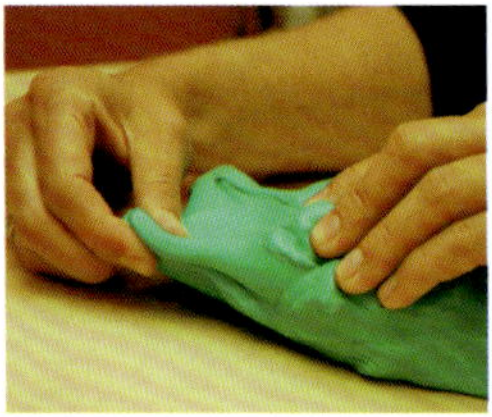

pétrir
kneten

l'origami
das Origami

le maquettisme
der Modellbau

restaurer des meubles anciens
alte Möbel restaurieren

fabriquer un personnage en fruits à coque
ein Kastanienmännchen basteln

poncer
abschleifen

raboter
hobeln

enfiler des perles
Perlen auffädeln

collectionner les bibelots
Nippes sammeln

la décoration d'intérieur
die Innenraumgestaltung

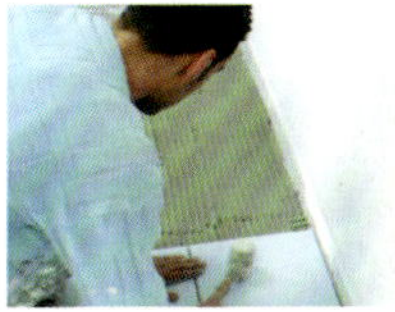

carreler
Fliesen legen

poser du papier peint
tapezieren

peindre
streichen

fabriquer
bauen

installer
installieren

réparer
reparieren

la charpenterie
die Zimmermannsarbeiten

poser des cloisons sèches – der Trockenbau

travailler le plâtre – das Verputzen

le stuc – der Stuck

couvrir d'enduit – etwas mit Stuck versehen

le papier maché – das Papiermaschee

le plâtre – der Gipsabdruck

la maçonnerie – die Maurerarbeiten

le câblage – die Verkabelung

le système d'alarme – die Alarmanlage

l'ameublement – die Einrichtung

tapisser – aufpolstern

Rénover – Renovieren

le pinceau plat
der Flachpinsel

le pochoir
die Schablone

le rouleau de papier peint
die Tapetenrolle

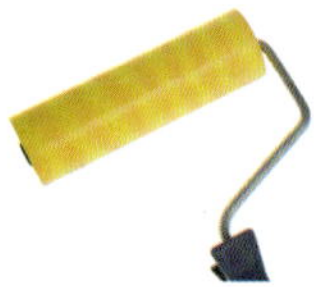

le rouleau de pression
der Andrückroller

les échantillons de papier peint
die Tapetenmuster

la peinture à émulsion
die Dispersionsfarbe

la spatule
der Spachtel

le rouleau
der Farbroller

les échantillons de couleurs
die Farbmuster

la table à tapisser
der Tapeziertisch

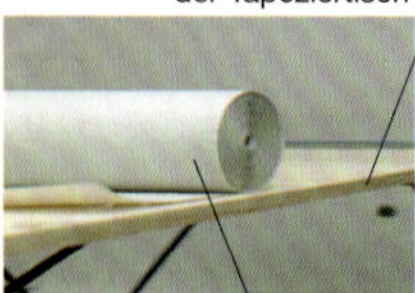

le papier ingrain
die Raufasertapete

le pinceau à colle
die Kleisterbürste

la peinture acrylique
der Acryllack

Autres loisirs – Andere Hobbys

lire
lesen

jouer au bowling
kegeln

faire des films
Filme drehen

la photographie
die Fotografie

les jeux vidéo
die Computerspiele

l'astronomie
die Astronomie

faire du théâtre
schauspielern

collectionner
etwas sammeln

le modélisme ferroviaire
die Modelleisenbahn

apprendre une langue
eine Sprache lernen

la science-fiction
die Science-Fiction

jardiner
das Gärtnern

les animaux de compagnie
die Haustiere

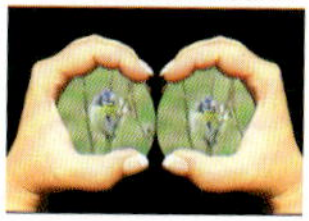

l'ornithologie
Vögel beobachten

cuisiner
das Kochen

Aller au cinéma – Ins Kino gehen

l'éclairage
die Beleuchtung

l'écran
die Leinwand

la rangée de sièges
die Sitzreihe

le numéro de siège
die Sitzplatznummer

Les jeux de société – Die Brettspiele

le backgammon
Backgammon

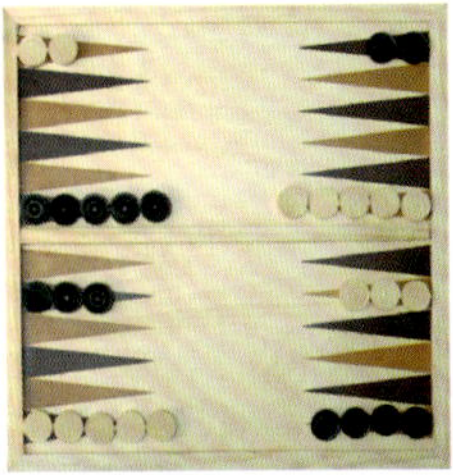

le jeu du moulin
Mühle

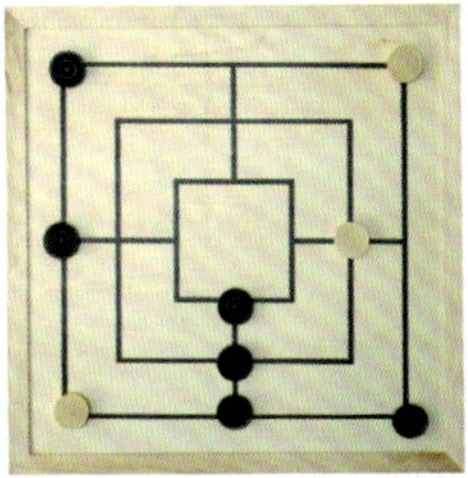

les dames
Dame

les dames chinoises
Halma

le plateau
das Spielbrett

les échecs
Schach

la case de l'échiquier
das Schachbrettfeld

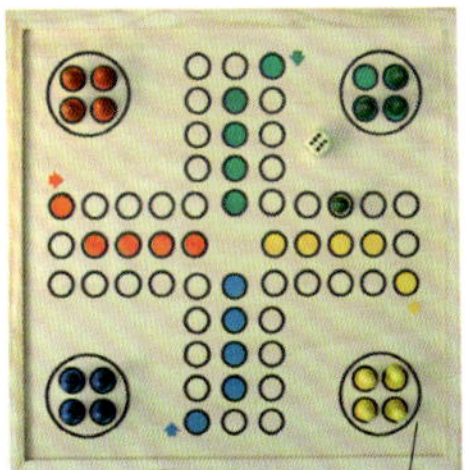

le ludo
Mensch ärgere dich nicht

le pion
die Spielfigur

l'échiquier
das Schachbrett

le cavalier
der Springer

le fou
der Läufer

la dame
die Dame

le roi
der König

le pion
der Bauer

la tour
der Turm

Autres jeux – Andere Spiele

le jeu de cartes
das Kartenspiel

les cartes à jouer
die Spielkarten

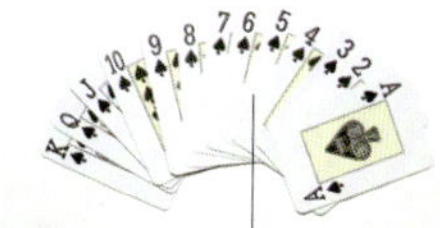

le rami
das Romméspiel

les cartes de tarot
die Tarotkarten

le joker
der Joker

le poker
das Pokerspiel

la cartes à joueconsole de jeu
die Playstation

le scrabble
das Scrabble

le domino
das Dominospiel

le dé
der Würfel

le gobelet à dé
der Würfelbecher

le jeu de dé
das Würfelspiel

le puzzle
das Puzzlespiel

le black-jack
das Blackjack

la roulette
das Roulette

La musique – Die Musik

le cours de musique
der Musikunterricht
l'école de musique
die Musikschule
le charleston
die Hi-Hat

chanter
singen
la chorale
der Chor
la répétition de chorale
die Chorstunde
le clavier
die Klaviatur

la fanfare
das Blasmusikorchester

les écouteurs
die Kopfhörer

jouer de la guitare
Gitarre spielen

jouer du piano
Klavier spielen
le piano
das Klavier

écouter de la musique
Musik hören
le professeur de musique
der Musiklehrer

Assister à un festival de musique – Ein Musikfestival besuchen

le système d'éclairage
die Lichtanlage
le festival de jazz
das Jazzfestival

la scène
die Bühnenshow
la stéréo
die Musikanlage
le fan
der Fan

Les sports de plein air – Der Outdoorsport

faire de la randonnée
das Wandern

l'équipement de randonnée
die Wanderausrüstung

faire de l'escalade
das Bergsteigen

les vêtements de plein air
die Outdoorbekleidung

le rocher
der Felsen

l'aviron
das Rudern

le bateau d'aviron
das Ruderboot

le barreur
der Steuermann

l'aviron
das Ruder

faire de la voile
das Segeln

la voile
das Segel

le bateau
das Boot

faire de la plongée
das Tauchen

le plongeur
der Taucher

la bouteille d'oxygène
die Sauerstoffflasche

faire du windsurf
das Windsurfen

pêcher
angeln

le pêcheur
der Angler

la canne à pêche
die Angel

la ligne de pêche
die Angelschnur

le poisson
der Fisch

l'appât
der Köder

surfer
surfen

le surfeur
der Surfer

planche de surf
das Surfbrett

le plongeoir
der Sprungturm

le starting-block
der Startblock

le tremplin
das Sprungbrett

la piscine
das Schwimmbecken

monter à cheval
reiten

la culotte de cheval
die Reithosen

la selle
der Sattel

la clôture
der Zaun

le manège
der Reitplatz

la bombe
die Reitkappe

les bottes
die Reitstiefel

l'étrier
der Steigbügel

nager le crawl
kraulen

le bonnet de bain
die Badekappe

la ligne d'eau
die Schwimmbahn

faire de la natation
das Schwimmen

Le football – Der Fußball

marquer un but
ein Tor schießen

le match
das Spiel

le joueur
der Spieler

les crampons
die Fußballschuhe

le gardien de but
der Torwart

le coup franc
der Freistoß

les chaussettes
die Stutzen

le stadium
das Stadion

le terrain
das Spielfeld

le point central
der Anstoßpunkt

la surface de réparation
der Strafraum

le football
der Fußball

la piste
die Laufbahn

le cage des buts
das Tor

le carton rouge
die rote Karte

2:1

le score
der Spielstand

le corner
die Ecke

le cercle central
der Mittelkreis

la tribune
die Tribüne

l'arbitre
der Schiedsrichter

le sifflet
die Pfeife

le carton jaune
die gelbe Karte

la Coupe du monde – die Weltmeisterschaft

le juge de touche – der Linienrichter

l'entraîneur – der Trainer

le tir au but – das Elfmeterschießen

le temps additionnel – die Verlängerung

le hors-jeu – das Abseits

la mi-temps – die Halbzeit

la première mi-temps – die erste Halbzeit

la seconde mi-temps– die zweite Halbzeit

le coup d'envoi – der Anstoß

le point de penalty – der Elfmeterpunkt

l'équipe de football – die Fußballmannschaft

suspendu – gesperrt

la raquette de tennis
der Tennisschläger

le tennis
das Tennis

le filet
das Netz

la balle de tennis
der Tennisball

le short de sport
die Sporthose

le volant
der Federball

le badminton
das Badminton

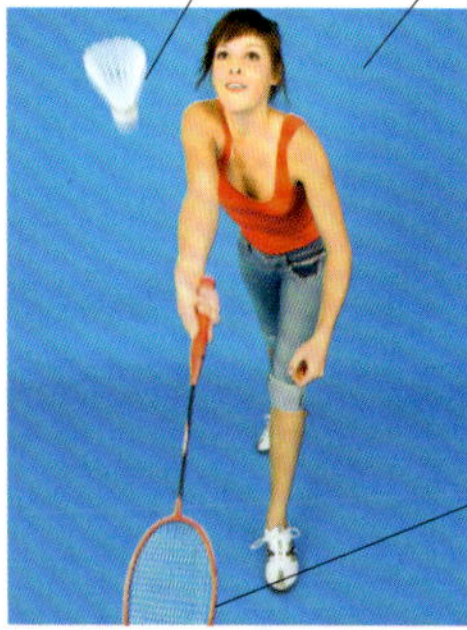

la raquette de badminton
der Badmintonschläger

le golf
das Golf

la balle de golf
der Golfball

la crosse de golf
der Golfschläger

le terrain de golf
der Golfplatz

la fosse à sable
die Sandgrube

le cyclisme
der Radsport

la course
das Rennen

le cuissard
die Fahrradhose

le casque de vélo
der Fahrradhelm

le VTT
das Mountainbikefahren

le saut en hauteur
der Hochsprung

la barre
die Latte

la rampe de skate
die Skaterampe

faire du roller
das Inlineskaten

les coudières
der Ellenbogenschoner

les genouillères
die Knieschoner

les rollers
die Inliner

la course à pied
das Joggen

faire du ski
das Skifahren

le bâton de ski
der Skistock

les skis
die Skier

faire du snowboard
das Snowboarden

le snowboard
das Snowboard

le parachutisme
das Fallschirmspringen

le parachute
der Fallschirm

le parachutiste
der Fallschirmspringer

Les sports en salle – Der Indoorsport

le gymnase
die Sporthalle

le panier de basket-ball
der Basketballkorb

le hockey sur glace
das Eishockey

la crosse de hockey
der Eishockeyschläger

le gardien de but
der Torwart

le patinage à glace
das Eislaufen

les skates
die Schlittschuhe

les acrobaties
die Akrobatik

la gymnastique
das Turnen

le tapis de sol
die Isomatte

les jambières
die Stulpen

le swiss-ball
der Gymnastikball

le hockey sur gazon
das Hockey

le yoga
das Yoga

assis en tailleur
im Schneidersitz

Les équipements de sport – Die Sportgeräte

la barre fixe
das Reck

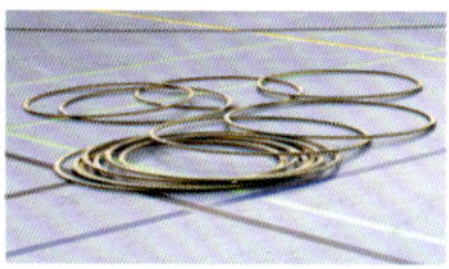

le cerceau
der Reif

le tremplin
das Sprungbrett

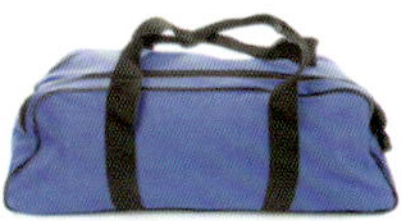

le sac de sport
die Sporttasche

les barres asymétriques
der Stufenbarren

les chaussures de sport
die Sportschuhe

le couple de danseurs
das Tanzpaar

danser
tanzen

la ballerine
die Ballerina

le ballet
das Ballett

le tutu
das Tutu

le chausson de danse
der Ballettschuh

le centre de fitness
das Fitnessstudio

la machine de musculation
das Fitnessgerät

l'entraînement
das Fitnesstraining

l'aérobic
das Aerobic

le volley-ball
das Volleyball

le panier de basket-ball
das Basketball

le handball
das Handball

le billard
das Billard

la queue
das Queue

les billes de billard
die Billardkugeln

la bande
die Bande

la poche
das Loch

table de billard
der Billardtisch

les fléchettes
das Darts

la fléchette
der Dartpfeil

le cible
die Dartscheibe

la balle de tennis de table
der Tischtennisball

la table de tennis de table
die Tischtennisplatte

la raquette de tennis de table
der Tischtennis-schläger

le tennis de table
das Tischtennis

le masque
die Fechtmaske

l'escrime
das Fechten

l'épée
das Florett

faire de la boxe
das Boxen

le ring de boxe
der Boxring

les gants de boxe
die Boxhandschuhe

l'haltérophilie
das Gewichtheben

lancer de poids
kugelstoßen

la lutte
das Ringen

Les arts martiaux – Der Kampfsport

le judo
das Judo

le kimono
der Judoanzug

l'aïkido
das Aikido

la ceinture noire
der schwarze Gürtel

le karaté
das Karate

le bodybuilder
der Bodybuilder

le kick boxing
das Kickboxen

le taekwondo
das Taekwondo

le bodybuilding
das Bodybuilding

l'haltère – die Hantel
le chronomètre – die Stoppuhr
le javelot – der Speer
l'arc – der Bogen
le tir sportif – das Sportgewehr
la corde – das Seil
les anneaux – die Ringe
lancer de disque – das Diskuswerfen
faire de l'équilibrisme – seiltanzen
le tournoi – das Turnier
la première place – der erste Platz
la deuxième place – der zweite Platz
la troisième place – der dritte Platz
la cérémonie de remise des prix – die Siegerehrung
la coupe – der Pokal
la médaille – die Medaille
la liste des vainqueurs – die Siegerliste
le podium – das Siegerpodest
l'hymne national – die Nationalhymne
le record du monde – der Weltrekord
établir un record du monde – einen Weltrekord aufstellen

LA NOURRITURE ET LES BOISSONS – DAS ESSEN UND DIE GETRÄNKE

À la boulangerie – Beim Bäcker

la miche de pain
der Brotlaib

le pain brioché
der Hefezopf

grillé
getoastet

le pain de mie
das Toastbrot

le pain de campagne
das Graubrot

le pain de seigle
das Roggenbrot

le pain complet
das Vollkornbrot

le pain blanc
das Weißbrot

la baguette
das Baguette

le pain azyme
das Knäckebrot

le pain naan
das Naan-Brot

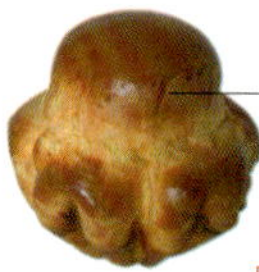

la brioche
die Brioche

le croissant
das Croissant

le petit pain
das Brötchen

la tranche
die Scheibe

le pain tranché
geschnittenes Brot

le petit sandwich
das belegte Brötchen

le petit-déjeuner – das Frühstück
les flocons d'avoine – die Haferflocken
le porridge – der Haferbrei
les pétales de maïs soufflé – die Cornflakes
le muesli – das Müsli
la confiture – die Marmelade
le pot (de confiture) – das (Marmeladen-)Glas
la marmelade – die Orangenmarmelade
le miel – der Honig
le pancake – der Pfannkuchen
le sirop d'érable – der Ahornsirup
la pâte à tartiner à la noisette – die Nuss-Nougat-Creme
le beurre de cacahuètes – die Erdnussbutter

À la pâtisserie – In der Konditorei

les petits gâteaux
die Kekse (der Keks)

le gâteau
der Kuchen

la part
das Stück

le gâteau au fromage
der Käsekuchen

le lustrage
der Tortenguss

le fond de tarte
der Tortenboden

le gâteau aux fruits
der Obstkuchen

la meringue
der Baiser

la pâte feuilletée
der Blätterteig

la caissette en papier
das Papiermuffinförmchen

le muffin
der Muffin

les pépites de chocolat
die Schokoladenstückchen

le cookie
der Cookie

les chocolats
die Pralinen (die Praline)

le trèfle à quatre feuilles
das vierblättrige Kleeblatt

le porte-bonheur
der Glücksbringer

le massepain
das Marzipan

l'éventail
die Eiswaffel

la coupe glacée à la chantilly
der Eisbecher

la crème glacée
die Eiscreme

la décoration
die Dekoration

le gâteau d'anniversaire
der Geburtstagskuchen

les confettis en sucre
die Zuckerstreusel

les donuts
die Donuts

la pâte à choux
der Brandteig

le nappage au chocolat
die Schokoladenglasur

la garniture
die Füllung

la génoise roulée
die Biskuitrolle

les gaufres
die (Belgischen) Waffeln

la spatule à pâtisserie
der Teigschaber

l'appareil
der Teig

les viennoiseries danoises
die Plunderteilchen

le glaçage
der Zuckerguss

Les produits laitiers et les œufs – Die Milchprodukte und die Eier

le lait entier
die Vollmilch

le lait écrémé
die Magermilch

le lait concentré
die Kondensmilch

le milk-shake
der Milchshake

le yaourt
der Joghurt

le yaourt aux fruits
der Fruchtjoghurt

le fromage blanc
der Quark

le riz au lait
der Milchreis

la crème fraîche
die Sahne

la crème fouettée
die Schlagsahne

la margarine
die Margarine

le beurre
die Butter

le fromage frais
der Frischkäse

la faisselle
der Hüttenkäse

la mozzarella
der Mozzarella

le fromage râpé
der geriebene Käse

le fromage de chèvre
der Ziegenkäse

le parmesan
der Parmesan

le camembert
der Camembert

le fromage fondu
geschmolzener Käse

la fondue savoyarde
das Käsefondue

la feta
der Schafskäse

le halloumi
der Halloumi

plein air
aus Freilandhaltung

les œufs brouillés
das Rührei

les œufs au plat
das Spiegelei

les œufs durs
hart gekocht

les œufs mollets
weich gekocht

La viande – Das Fleisch

l'agneau
das Lammfleisch

le bœuf
das Rindfleisch

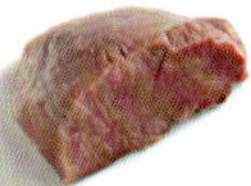

le porc
das Schweinefleisch

le veau
das Kalbfleisch

la venaison
das Wild

la viande hachée
das Hackfleisch

la saucisse
das Würstchen

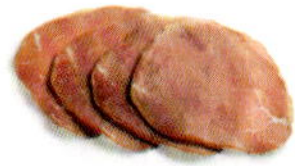

la viande cuite
der Aufschnitt

le gras
das Fett

le lard
der Frühstücksspeck

la tranche de jambon
die Schinkenscheibe

le jambon
der Schinken

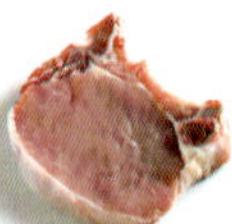

la côtelette
das Kotelett

le filet
das Filet

la côte
die Rippe

mariné
mariniert

l'os
der Knochen

la cuisse/le gigot
die Keule

le lapin
das Kaninchen

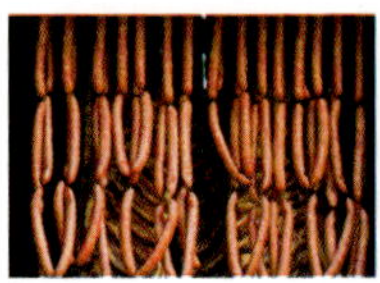

fumé
geräuchert

Les abats – Die Innereien

le rognon
die Niere

le foie
die Leber

la langue
die Zunge

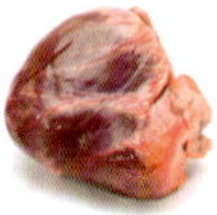

le cœur de veau
die Kalbsherz

les tripes
die Kutteln

le ris de veau
das Kalbsbries

La volaille – Das Geflügel

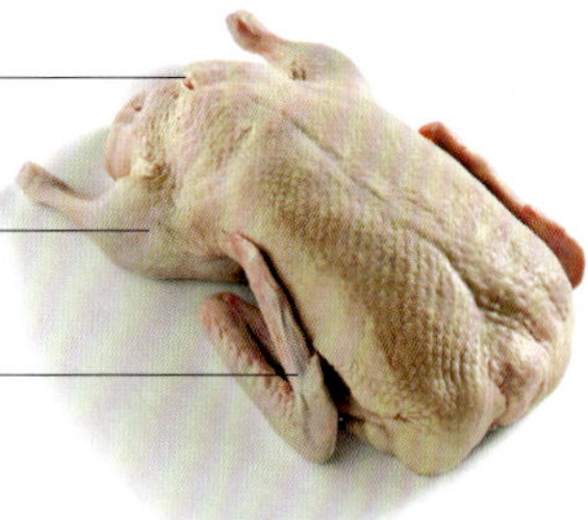

la dinde
die Pute

l'oie
die Gans

le poulet
das Hähnchen

le blanc de poulet
die Hühnerbrust

Les poissons et les fruits de mer – Der Fisch und die Meeresfrüchte

la truite (arc-en-ciel)
die (Regenbogen-)Forelle

le brochet
der Hecht

la carpe
der Karpfen

le sandre
der Zander

le hareng
der Hering

le cabillaud
der Kabeljau

le maquereau
die Makrele

le thon
der Thunfisch

le saumon
der Lachs

la lotte
der Seeteufel

l'églefin
der Schellfisch

la sole
die Seezunge

la plie
die Scholle

les sardines
die Sardinen

le loup de mer
Wolfsbarsch

le flétan
der Heilbutt

l'espadon
der Schwertfisch

l'anguille
der Aal

les gambas
die Garnele

le crabe
der Krebs

les crevettes
die Krabben

les palourdes
die Venusmuscheln

les moules
die Miesmuscheln

les noix de Saint-Jacques
die Jakobsmuscheln

les huîtres
die Austern

le calmar
der Tintenfisch

les arêtes
die Gräten

le filet de poisson
das Fischfilet

le caviar
der Kaviar

les écailles
die Schuppen

Les légumes et les salades – Das Gemüse und der Salat

les haricots verts
die grüne Bohne

les haricots rouges
die Kidneybohne

les petits pois
die Erbsen

le pois mangetout
die Zuckerschote (Erbse)

les lentilles
die Linsen

les pousses de soja
die Bohnensprossen

le maïs
der Mais

les choux de Bruxelles
der Rosenkohl

le chou-fleur
der Blumenkohl

la fleurette
das Röschen

le brocoli
der Brokkoli

les épinards
der Spinat

le céleri
der Stangensellerie

la rhubarbe
der Rhabarber

la carotte
die Möhre

la tomate
die Tomate

le poivron rouge
die rote Paprika

le piment
die Chilischote

l'aubergine
die Aubergine

l'avocat
die Avocado

la citrouille
der Riesenkürbis

le concombre
die Salatgurke

la courgette
die Zucchini

le cornichon
die Gewürzgurke

le poireau
der Lauch

l'oignon vert
die Frühlingszwiebel

l'ail
der Knoblauch

l'oignon
die Zwiebel

le raifort
der Meerrettich

le gingembre
der Ingwer

le champignon
der Pilz

l'olive
die Olive

l'asperge
der Spargel

la pomme de terre
die Kartoffel

le chou frisé
der Grünkohl

le chou blanc
der Weißkohl

le fenouil
der Fenchel

la roquette
der Rucola/die Rauke

la laitue
der grüne Salat

le mesclun
der gemischte Salat

Les fines herbes et les épices – Die Kräuter und die Gewürze

la vanille
die Vanille

la cannelle
der Zimt

le bâton de cannelle
die Zimtstange

le curcuma
die Kurkuma

le paprika
das Paprikapulver

le sel
das Salz

le poivre
der Pfeffer

le moulin à poivre
die Pfeffermühle

la noix muscade
die Muskatnuss

le cumin
der Kreuzkümmel

le carvi
der Kümmel

le safran
der Safran

les clous de girofle
die Gewürznelken

les baies de genévrier
die Wacholderbeere

l'anis étoilé
der Sternanis

le sucre
der Zucker

le sucre glace
der Puderzucker

le morceau de sucre
der Würfelzucker

le sucre roux
der braune Zucker

le sucre roux non raffiné
der Rohrzucker

la mélisse
die Zitronenmelisse

la livèche
der Liebstöckel

le persil
die Petersilie

la ciboulette
der Schnittlauch

les feuilles de laurier
die Lorbeerblätter

le romarin
der Rosmarin

le basilic
das Basilikum

la menthe
die Minze

le thym
der Thymian

la lavande
der Lavendel

la citronnelle
das Zitronengras

le cerfeuil
der Kerbel

l'ail des ours
der Bärlauch

le cresson
die Kresse

le sauge
der Salbei

l'estragon
der Estragon

la marjolaine
der Majoran

l'aneth
der Dill

le coriandre
der Koriander

l'origan
der Oregano

Les fruits européens – Das (europäische) Obst

la pomme
der Apfel

la poire
die Birne

la cerise
die Kirsche

la fraise
die Erdbeere

la framboise
die Himbeere

la groseille à maquereau
die Stachelbeere

la myrtille
die Heidelbeere

la mûre
die Brombeere

l'églantier
die Hagebutte

le sureau
der Holunder

le raisin
die Weintraube

la prune
die Pflaume

les groseilles/le cassis
die Rote/Schwarze Johannisbeere

Les fruits tropicaux – Die Südfrüchte

le citron
die Zitrone

l'orange
die Orange

le pamplemousse
die Grapefruit

la carambole
die Sternfrucht

la mandarine
die Mandarine

le citron vert
die Limette

la banane
die Banane

l'ananas
die Ananas

la mangue
die Mango

la nectarine
die Nektarine

la pêche
der Pfirsich

l'abricot
die Aprikose

la pastèque
die Wassermelone

le melon
die Honigmelone

le litchi
die Litschi

la grenade
der Granatapfel

le fruit de la passion
die Passionsfrucht

le kiwi
die Kiwi

la figue
die Feige

la datte
die Dattel

Les fruits à coque et les graines – Die Nüsse, die Kerne und die Samen

le pignon
der Pinienkern

la pistache
die Pistazie

la graine de tournesol
der Sonnenblumenkern

la graine de citrouille
der Kürbiskern

la noix de cajou
der Cashewkern

la noix de coco
die Kokosnuss

la châtaigne
die Esskastanie

la noix du Brésil
die Paranuss

Les céréales – Die Getreidearten

l'épeautre
der Dinkel

le blé
der Weizen

la semoule de blé
der Grieß

la semoule de maïs
das Maismehl

le seigle
der Roggen

l'avoine
der Hafer

l'orge
die Gerste

le riz
der Reis

le riz sauvage
der Wildreis

le son de blé
die Kleie

le couscous
der Couscous

le millet
die Hirse

le quinoa
die Reismelde

Les bonbons et les goûters – Die Süßigkeiten und die Knabbereien

les bonbons
die Bonbons

la tablette de chocolat
die Schokoladentafel

la boule de gomme aux fruits
der Weingummi

le carré de chocolat
der Schokoriegel

le chewing-gum
der Kaugummi

la réglisse
die Lakritze

le paquet de chips
die Chipstüte

les chips
die Chips

les raisins secs
die Rosine

les chips de tortilla
die Nachos

la barbe à papa
die Zuckerwatte

le praliné
der Nugat

les pommes d'amour
die kandierten Früchte

les bretzels
die Salzstangen

les bonbons à mâcher
die Kaubonbons

les bonbons à la menthe
die Pfefferminzdrops

la sucette
der Lutscher

le bâton
der Stiel

Les boissons chaudes – Die heißen Getränke

le café
der Kaffee

l'expresso
der Espresso

la grande tasse
der Becher

le cappuccino
der Cappuccino

la mousse
der Schaum

le café macchiato
der Latte macchiato

le chocolat chaud
der heiße Kakao

le thé au citron
der schwarze Tee mit Zitrone

la tisane
der Kräutertee

la camomille
der Kamillentee

le vin chaud
der Glühwein

Les boissons froides – Die kalten Getränke

l'eau minérale
das stille Mineralwasser

l'eau minérale gazeuse
das Mineralwasser mit Kohlensäure

la limonade
die Limonade

la paille
der Strohhalm

la bouteille
die Flasche

le coca
die Cola

la canette
die Getränkedose

le verre
das Glas

le pichet
der Krug

le jus d'orange
der Orangensaft

fraîchement pressé
frisch gepresst

le jus de pomme
der Apfelsaft

le jus de carotte
der Möhrensaft

le jus de tomate
der Tomatensaft

le café glacé
der Eiskaffee

le chocolat glacé
die Eisschokolade

le jus de pomme
die Apfelschorle

le thé glacé
der Eistee

Les boissons alcoolisées – Die alkoholischen Getränke

la pression
frisch gezapft

la bière
das Bier

la capsule
der Kronkorken

la bouteille de bière
das Flaschenbier

le cidre
der Apfelwein

le vin rouge
der Rotwein

le vin blanc
der Weißwein

le bouchon
der Korken

le tire-bouchon
der Korkenzieher

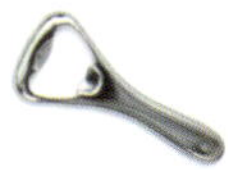

le décapsuleur
der Flaschenöffner

les sous-bocks
die Bierdeckel

le mousseux
der Sekt

le champagne
der Champagner

le glaçon
der Eiswürfel

le whisky
der Whisky

le cognac
der Weinbrand

les sous-verres
die Untersetzer

sans glace
ohne Eis

le cocktail
der Cocktail

le rhum
der Rum

la vodka
der Wodka

le gin tonic
der Gin Tonic

le liqueur
der Likör

Préparer le dîner à la maison – Zu Hause kochen und essen

le vase
die Blumenvase

la serviette
die Serviette

les couverts
das Besteck

la vaisselle
das Geschirr

plié
gefaltet

la table
der Tisch

mettre la table
den Tisch decken

la nappe
die Tischdecke

le dessous de plat
der Topfuntersetzer

le set de table
das Platzdeckchen

le bougie
die Kerze

le bougeoir
der Kerzenständer

Bienvenue ! – Willkommen!

les invités – die Gäste

l'hôte et l'hôtesse – der Gastgeber und die Gastgeberin

l'invitation – die Einladung

Voulez-vous/veux-tu boire quelque chose ? –
Kann ich Ihnen/dir etwas zu trinken anbieten?

la faim – der Hunger

la soif – der Durst

repu – satt

ivre – betrunken

Le repas était délicieux. – Das Essen war köstlich.

le végétarien – der Vegetarier

le végétalien – der Veganer

le ragoût
der Eintopf

le curry
das Currygericht

le gratin
der Auflauf

la sauce
die Soße

l'omelette
das Omelett

la garniture
die Beilagen

le rôti
der Braten

la crème
die Vanillesoße

le sauté
das Pfannengericht

les pâtes
die Nudeln

les nouilles
die Glasnudeln

la lasagne
die Lasagne

le buffet
das Büfett

la boulette
der Knödel

la purée de pommes de terre
der Kartoffelbrei

la moutarde
der Senf

les bâtonnets de poisson
die Fisch-stäbchen

surgelé
tiefgefroren

le bouillon
die Brühe

l'huile de tournesol
das Sonnenblumenöl

le vinaigre
der Essig

la levure fraîche
die Hefe

le sorbet
das Sorbet

les conserves en saumure
eingelegt

EN VILLE – IN DER STADT

Les zones d'une ville – Die Teile einer Stadt

le centre-ville
die Innenstadt

la banlieue
der Vorort

la zone résidentielle
das Wohngebiet

la zone industrielle
das Industriegebiet

la cheminée
der Fabrikschornstein

le gazomètre
der Gasometer

l'usine
die Fabrik

la maison individuelle
das einzeln stehende Haus

la maison mitoyenne
das Reihenhaus

la rue principale
die Hauptstraße

le quartier historique
die Altstadt

la zone piétonne
die Fußgängerzone

le parc
der Park

la mare
der Teich

le pavillon
der Pavillon

le sentier
der Fußweg

le banc public
die Parkbank

Les bâtiments – Die Gebäude

le gratte-ciel
der Wolkenkratzer

refléter
spiegeln

l'immeuble de bureaux
das Bürogebäude

l'immeuble d'habitation
der Wohnblock

le musée
das Museum

illuminé
angestrahlt

la cloche
die Glocke

l'hôtel de ville
das Rathaus

la tour de l'horloge
die Turmuhr

le battant
der Klöppel

le carillon
das Glockenspiel

la tour
der Turm

le palais
das Schloss

la grille
das Tor

le drapeau
die Flagge

en fer forgé
schmiedeeisern

la mosquée
die Moschee

la synagogue
die Synagoge

le temple
der Tempel

les ruines
die Ruine

L'église – Die Kirche

le beffroi
der Glockenturm

le clocher
die Kirchturmspitze

la voûte
das Gewölbe

le grès
der Sandstein

le pinacle
die Fiale

le transept
das Querhaus

le contrefort
der Strebepfeiler

le chœur
der Chor

l'arc
der Bogen

la rosace
das Rosettenfenster

le pilier
der Pfeiler

le nef
das Kirchenschiff

l'arc-boutant
der Strebebogen

la croisée
die Vierung

La cathédrale gothique – Die gotische Kathedrale

Le style architectural – Der Baustil

roman
romanisch

la Renaissance
die Renaissance

le baroque
der Barock

la colonne
die Säule

néoclassique
neoklassizistisch

l'art nouveau
der Jugendstil

le monument
das Denkmal

le pignon
der Giebel

le toit
das Dach

le Bauhaus
der Bauhausstil

le dôme
die Kuppel

le marbre
der Marmor

le saint
der Heilige

l'inscription
die Inschrift

le cimetière
der Friedhof

la tombe
das Grab

la pierre tombale
der Grabstein

le mur
die Mauer

En ville – In der Stadt

le trottoir
der Bürgersteig

l'îlot de circulation
die Verkehrsinsel

le bord du trottoir
der Bordstein

la rue
die Straße

l'intersection
die Kreuzung

les zébras
der Zebrastreifen

le câble de suspension
das Tragseil

le pylône
der Brückenpfeiler

le pont suspendu
die Hängebrücke

la place
der Platz

les arcades
die Arkaden

le boulevard
der Boulevard

la fontaine
der Brunnen

l'escalier
die Treppe

les pavés
das Kopfsteinpflaster

la ruelle
die Gasse

l'enseigne au néon
die Leuchtreklame

le panneau de signalisation
das Straßenschild

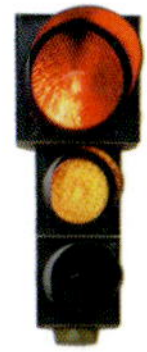

le feu tricolore
die Ampel

le lampadaire
die Straßenlaterne

la poubelle
der Abfalleimer

le kiosque à journaux
der Kiosk

la colonne publicitaire
die Litfaßsäule

le parking aérien
das Parkhaus

le parking souterrain
die Tiefgarage

le parking
der Parkplatz

le parcmètre
die Parkuhr

l'emplacement de parking
die Parklücke

Faire des courses – Das Einkaufen

le magasin
das Geschäft

la vitrine
das Schaufenster

l'entrée
der Eingang

le centre commercial
das Einkaufszentrum

le marché
der Markt

l'étal
der Marktstand

le primeur
der Gemüsehändler

le marché aux puces
der Flohmarkt

le commerce de proximité
der Tante-Emma-Laden

la vendeuse
die Verkäuferin

la boutique
die Boutique

le comptoir
die Verkaufstheke

la papeterie
der Schreibwarenladen

la boucherie
der Metzger

la librairie
der Buchladen

les étagères
die Regale

le magasin de jouets
der Spielzeugladen

la pharmacie
die Apotheke

la parapharmacie
die Drogerie

la parfumerie
die Parfümerie

le bijoutier
der Juwelier

l'opticien
der Optiker

le fleuriste
der Blumenladen

la boutique de cadeaux
der Andenkenladen

l'antiquaire
der Antiquitätenladen

le caviste
die Weinhandlung

le magasin d'alimentation bio
das Reformhaus

l'animalerie
die Tierhandlung

le magasin d'électroménager
der Elektrofachmarkt

le magasin de bricolage
der Baumarkt

le magasin de mobilier
das Möbelhaus

le magasin de spiritueux
das Spirituosengeschäft

Le buraliste – Der Zeitschriftenhändler

le journal
die Zeitung

la journal
die seriöse Tageszeitung

le tabloïde
die Boulevardzeitung

le magazine
die Zeitschrift

le billet de loterie
der Lottoschein

le livre
das Buch

la bande dessinée
der Comic

la tabatière
die Tabaksdose

la coupelle
der Pfeifenkopf

le tabac
der Tabak

un paquet de feuilles à rouler
ein Päckchen Zigarettenpapier

le cigare
die Zigarre

la pipe
die Pfeife

le cure-pipe
der Pfeifenreiniger

la surface de friction
die Reibfläche

la cendre
die Asche

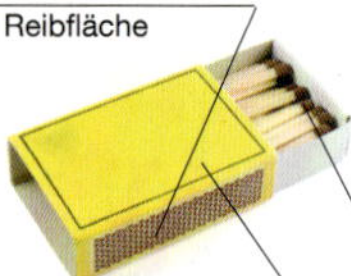

le filtre
der Filter

l'allumette
das Streichholz

le briquet
das Feuerzeug

la boîte d'allumettes
die Streichholzschachtel

la cigarette
die Zigarette

le cendrier
der Aschenbecher

le supermarché
der Supermarkt

l'allée
der Gang

le siège pour enfant
der Kindersitz

le panier
der Einkaufskorb

l'offre spéciale
das Sonderangebot

le chariot
der Einkaufswagen

les produits laitiers
die Milchprodukte

l'épicerie
die Delikatessenabteilung

les plats préparés
die Fertiggerichte

les conserves
die Konserven

les produits surgelés
die Tiefkühlgerichte

la nourriture pour bébés
die Babynahrung

les produits ménagers
die Haushaltswaren

le clavier
die Tastatur

la caissière
die Kassiererin

la balance
die Waage

la caisse enregistreuse
die Kasse

le tapis roulant
das Laufband

l'étiquette du prix
das Preisschild

le prix
der Preis

le bon d'achat
der Gutschein

payer
bezahlen

la petite monnaie
das Kleingeld

le sac en plastique
die Plastiktüte

le sac en coton
die Stofftasche

le sac en papier
die Papiertüte

le ticket de caisse
der Kassenbon

le grand magasin
das Kaufhaus

l'étage
die Etage

le sous-sol
das Untergeschoss

l'escalator
die Rolltreppe

l'ascenseur
der Aufzug

les toilettes
die Kundentoilette

les articles de toilette
die Toilettenartikel

la mercerie
die Kurzwaren

la confiserie
die Süßwaren

le linge de maison
die Haushaltswäsche

l'ustensiles de cuisine
die Küchenartikel

le rayon d'alimentation
die Lebensmittelabteilung

le service clientèle
der Kundendienst

les soldes
der Ausverkauf

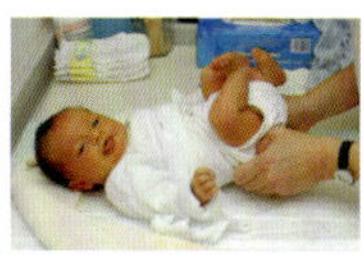

l'équipement pour langer
der Babywickelraum

la garderie d'enfants
die Kinderbetreuung

le rayon hommes
die Herrenabteilung

le rayon femmes
die Damenabteilung

la cabine d'essayage
die Umkleidekabine

la taille des vêtements
die Konfektionsgröße

le cintre
der Kleiderbügel

Les services – Die Dienstleistungen

le bureau de poste
das Postamt

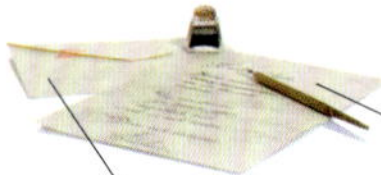

la lettre
der Brief

l'enveloppe
der Umschlag

le cachet de la poste
der Poststempel

la carte postale
die Postkarte

le timbre
die Briefmarke

le télégramme
das Telegramm

papier d'emballage
das Packpapier

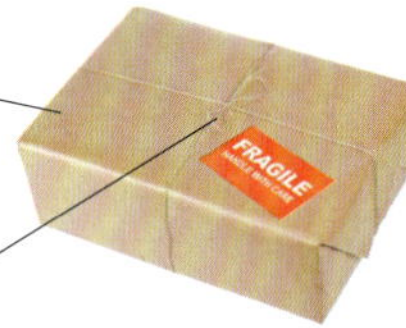

la ficelle d'emballage
die Paketschnur

le colis
das Paket

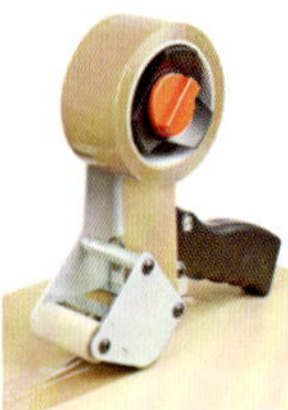

le ruban adhésif
das Klebeband

le coursier
der Kurierdienst

la boîte aux lettres
der Briefkasten

les horaires de levée du courrier
die Leerungszeiten

l'affranchisseuse
der Briefmarkenautomat

le cargo
die Fracht

la poste aérienne – die Luftpost

la lettre express – der Eilbrief

la lettre recommandée – das Einschreiben

le poids – das Gewicht

l'adresse de l'expéditeur – der Absender

l'adresse – die Adresse

le code postal – die Postleitzahl

fragile – zerbrechlich

la banque
die Bank

le guichet
der Schalter

la file d'attente
die Schlange

les devises étrangères
die ausländische Währung

le billet
der Schein

la pièce
die Münze

l'argent
das Geld

le bureau de change
die Wechselstube

le taux de change
der Wechselkurs

la carte à débit immédiat
die EC-Karte

la carte de crédit
die Kreditkarte

la tirelire
das Sparschwein

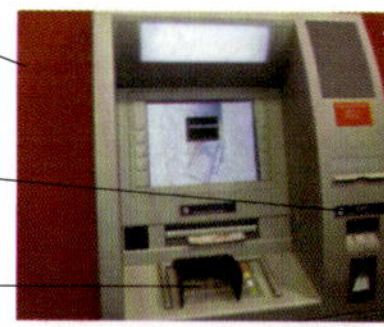

le distributeur de billets
der Geldautomat

la fente d'introduction de la carte
der Kartenschlitz

le clavier
das Tastenfeld

le reçu
die Quittung

le coffre-fort
der Tresor

le chèque
der Scheck

la signature
die Unterschrift

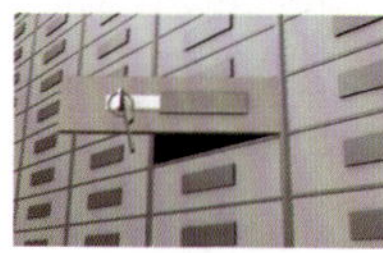

le coffre à la banque
das Bankschließfach

le chèque de voyage
der Reisescheck

le compte-courant – das Girokonto
le compte épargne – das Sparkonto
retirer au distributeur – abheben
faire un dépôt – einzahlen
faire un virement – die Überweisung
le code de carte de crédit – der PIN-Code
le découvert bancaire – die Überziehung
les frais bancaires – die Gebühr
le taux d'intérêt – der Zinssatz

le coiffeur
der Friseur

le client
der Kunde

mouillé
nass

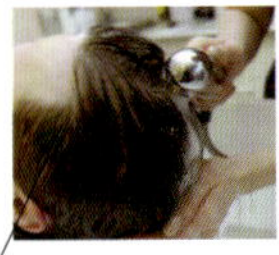

laver
waschen

lisser
glätten

couper
schneiden

les ciseaux
die Schere

le peigne
der Kamm

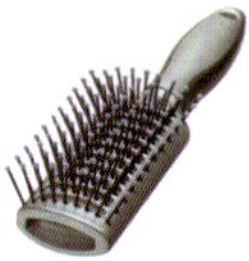

la brosse
die Bürste

les rouleaux
die Lockenwickler

le gel fixant
das Haargel

la cire
das Haarwachs

le sèche-cheveux
der Föhn

sécher
föhnen

l'après-shampooing
die Spülung

shampooing
das Shampoo

la mousse
das Haarschaum

le spray
das Haarspray

la crème hydratante
die Feuchtigkeitscreme

le salon de beauté
der Schönheitssalon

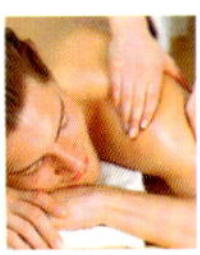

le massage
die Massage

la réflexologie
die Reflexzonenmassage

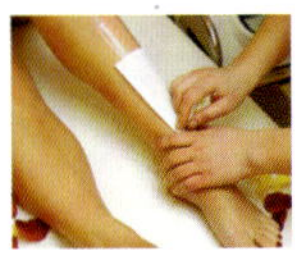

l'épilation
die Haarentfernung

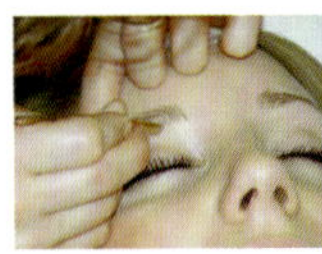

épiler les sourcils
Augenbrauen zupfen

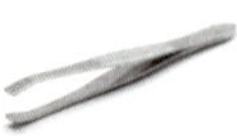

la pince à épiler
die Pinzette

le soin du visage
die Gesichtsbehandlung

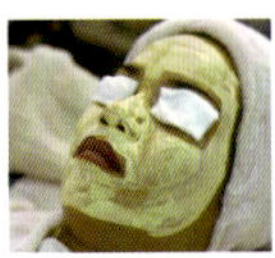

le masque de soin
die Gesichtsmaske

l'huile parfumée
das Duftöl

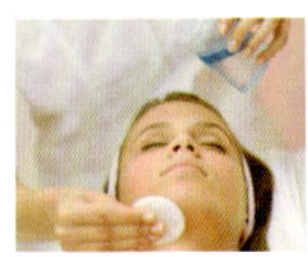

nettoyer
reinigen

le portemanteau
der Kleiderständer

le nettoyage à sec
die Reinigung

la laverie automatique
der Waschsalon

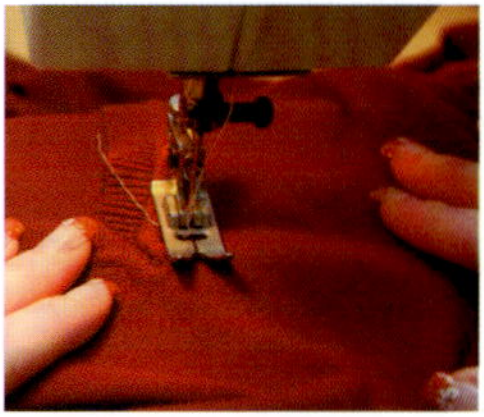

le magasin de retouche
die Änderungsschneiderei

le cordonnier
der Schuster

le serrurier
der Schlüsseldienst

le salon de toilettage pour chiens
der Hundesalon

l'agence de voyage
das Reisebüro

l'agent immobilier
der Immobilienmakler

la vidéothèque
die Videothek

le magasin de photocopies
der Kopierladen

Manger dehors – Auswärts essen

le café
das Café

le store
die Markise

le plat à emporter
die Imbissbude

la cafétéria
das Selbstbedienungsrestaurant

le snack-bar
die Snackbar

la brasserie
der Biergarten

le bar
die Kneipe

la restauration rapide
das Fastfoodrestaurant

le petit pain
das Hamburgerbrötchen

le hamburger
der Hamburger

la mayonnaise
die Mayonnaise

le ketchup
der Ketchup

les frites
die Pommes frites

la tranche de citron
die Zitronenscheibe

la paille
der Strohhalm

la croûte
die Kruste

le marchand de hot-dog
der Hotdogstand

la pizza
die Pizza

la boisson gazeuse
das Erfrischungsgetränk

les plats à emporter asiatiques
die chinesische Imbissbude

le gobelet en carton
der Pappbecher

le plateau
das Tablett

la serviette en papier
die Papierserviette

le restaurant
das Restaurant

l'entrée
der Eingang

la cloche
die Glosche

le serveur
der Kellner

la zone non-fumeur
der Nichtraucherbereich

une table pour quatre personnes
ein Tisch für vier Personen

la nappe
die Tischdecke

la serviette
die Serviette

le menu
die Speisekarte

la carte des vins
die Weinkarte

commander
bestellen

l'entrée
die Vorspeise

la soupe
die Suppe

le plat principal
das Hauptgericht

le dessert
der Nachtisch

le menu enfant
der Kinderteller

l'accompagnement
die Beilage

la salade (garniture)
der Beilagensalat

l'ardoise
die Tafel

le menu du jour
das Tagesmenü

le plat végétarien
das vegetarische Gericht

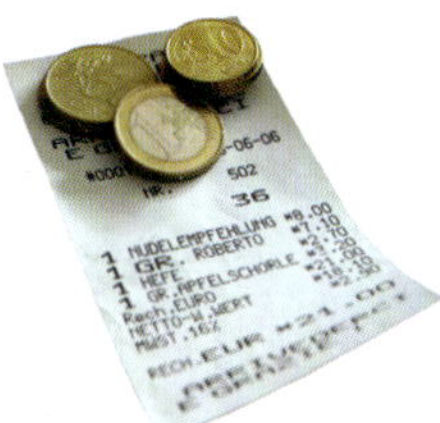

l'addition
die Rechnung

payer
bezahlen

le pourboire
das Trinkgeld

Le théâtre et l’opéra – Das Theater und die Oper

le théâtre
das Theater

la rangée
die Reihe

le siège
der Sitzplatz

le gong
der Gong

le billet
die Eintrittskarte

la caisse du théâtre
die Theaterkasse

la loge
die Loge

le balcon
der Balkon

le parterre
das Parkett

le paradis (poulailler)
der zweite Rang

la corbeille
der erste Rang

le programme
das Programmheft

le foyer des artistes
das Foyer

le costume
das Kostüm

la pièce
das Stück

la comédie
die Komödie

la tragédie
die Tragödie

le masque
die Maske

la comédie musicale
das Musical

le ballet
das Ballett

les coulisses
die Kulisse

la scène
die Bühne

le rideau
der Vorhang

le cabaret
die Kleinkunst

la fosse d'orchestre
der Orchestergraben

l'orchestre
das Orchester

le public
das Publikum

les acteurs
die Schauspieler

la chanteuse d'opéra
die Opernsängerin

le soliste
der Solist

le chœur
der Chor

le programme – das Programm

la représentation – die Vorstellung

l'entracte – die Pause

les rafraîchissements – die Erfrischungen

la première – die Premiere

la générale – die Generalprobe

le réalisateur – der Regisseur

applaudir – klatschen

Les concerts – Die Konzerte

le concert de rock
das Rockkonzert

le feu de projecteur
der Scheinwerfer

la salle de concert
die Konzerthalle

le groupe
die Band

le guitariste
der Gitarrist

la guitare électrique
die E-Gitarre

les baguettes
die Schlagzeugstöcke

le fût
das Fell

la batterie
das Schlagzeug

la grosse caisse
die große Trommel

le batteur
der Schlagzeuger

le bassiste
der Bassist

la basse
der Bass

la sangle
der Gurt

la guitare acoustique
die akustische Gitarre

les cordes
die Saiten

le micro
das Mikrofon

les bouchons d'oreilles
die Ohrstöpsel

le clavier
das Keyboard

l'ampli
der Verstärker

le chanteur
der Leadsänger

l'agent de sécurité
der Wachmann

le groupe de jazz
die Jazzband

la chanson – das Lied
les paroles – der Liedtext
chanter – mitsingen
crier – schreien
siffler – pfeifen
fort – laut
le bis – die Zugabe

La musique classique – Die klassische Musik

la note
die Note

la ligne de mesure
der Taktstrich

la mesure
der Takt

la partition
die Noten

la clef
der Notenschlüssel

l'orchestre symphonique
das Symphonieorchester

le diapason
die Stimmgabel

la baguette
der Taktstock

le pupitre
der Notenständer

le chef d'orchestre
der Dirigent

ré majeur – D-Dur

ré mineur – d-moll

l'accord – der Akkord

se mettre à l'unisson – stimmen

l'ouverture – die Ouvertüre

le quartet – das Quartett

le podium de chef d'orchestre – das Dirigentenpult

Les instruments de musique – Die Musikinstrumente

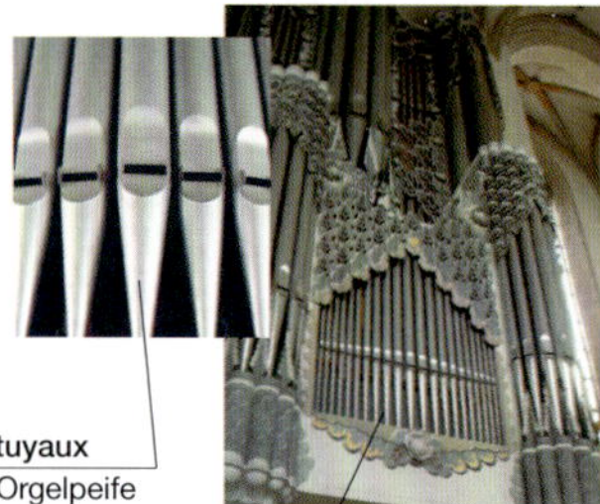

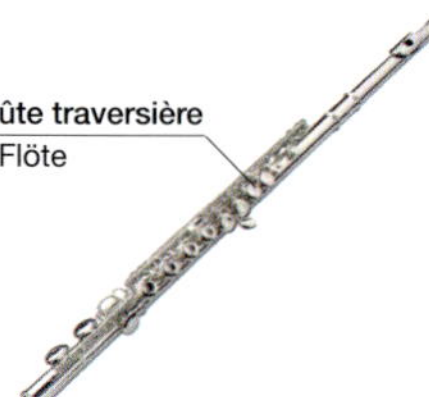

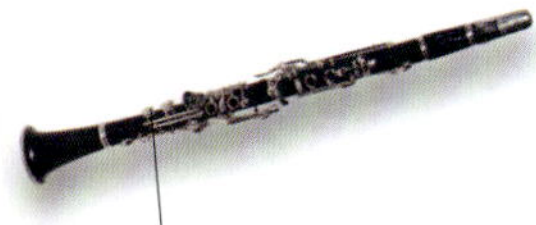

la clarinette
die Klarinette

le bec
das Mundstück

le saxophone
das Saxofon

le cornet à piston
das Horn

la trompette
die Trompete

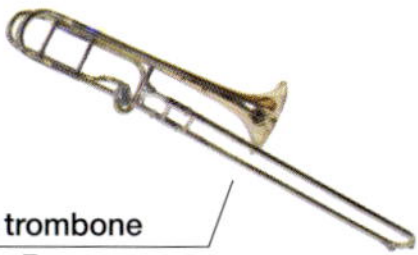

le trombone
die Posaune

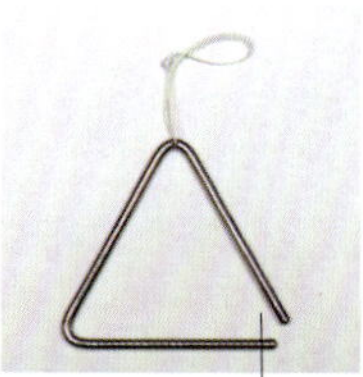

le triangle
die Triangel

les timbales
die Pauke

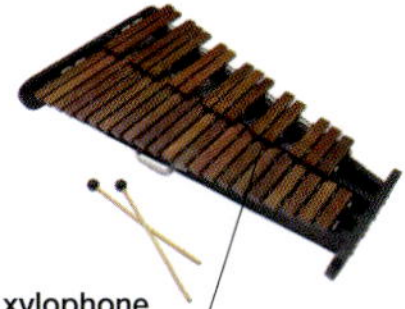

le xylophone
das Xylophon

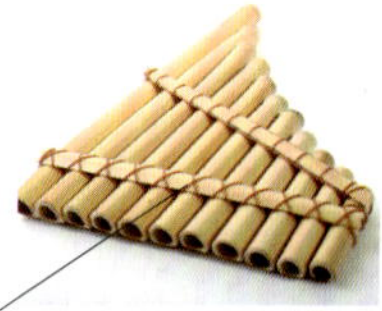

la flûte de Pan
die Panflöte

la cornemuse
der Dudelsack

l'accordéon
das Akkordeon

Sortir – Ausgehen

la lecture
die Lesung

le cinéma
das Kino

le film
der Film

l'affiche de film
das Filmplakat

le placeur
der Platzanweiser

le dessin animé
der Zeichentrickfilm

le barman
der Barkeeper

la tireuse à bière
der Zapfhahn

le bar
die Bar

le tabouret de bar
der Barhocker

le pianiste
der Pianist

le casino
das Kasino

la tenue de soirée
die Abendgarderobe

les jetons
die Spielchips

la roulette
das Roulette

la partie
eine Runde

danser
tanzen

la piste de danse
die Tanzfläche

la discothèque
die Disco

le videur
der Türsteher

flirter
flirten

rencontrer quelqu'un
jemanden anmachen

le DJ
der DJ

le cinéma de plein air
das Autokino

la fête foraine
der Rummelplatz

la grande roue
das Riesenrad

les montagnes russes
die Achterbahn

TAXI

LES TRANSPORTS ET LA CIRCULATION – DIE TRANSPORTMITTEL, DER VERKEHR

La rue – Die Straße

le bord du trottoir
der Bordstein

le réverbère
die Straßenlaterne

la voie
die Fahrspur

la voie de virage
die Abbiegespur

le caniveau
der Rinnstein

la piste cyclable
der Radweg

la ligne médiane
die Mittellinie

l'asphalte
der Asphalt

la grille d'égout
das Gitter

le caniveau
der Gully

le feu pour piétons
die Fußgängerampel

le feu tricolores
die Ampel

les zébras
der Zebrastreifen

le parcmètre
die Parkuhr

la pelleteuse
der Bagger

l'horodateur
der Parkscheinautomat

le procès-verbal
der Strafzettel

la contractuelle
die Politesse

les travaux
die Baustelle

le parking
der Parkplatz

le place de stationnement réservée aux handicapés
der Behindertenparkplatz

l'îlot de circulation
die Verkehrsinsel

la barrière
die Schranke

le disque de signalisation
die Polizeikelle

l'agent de la circulation
der Verkehrspolizist

le tunnel
der Tunnel

le pont
die Brücke

la voie inférieure
die Unterführung

stop – Halt

la priorité – die Vorfahrt

céder le passage – die Vorfahrt gewähren

la route prioritaire – die Vorfahrtstraße

la route à sens unique – die Einbahnstraße

la circulation à double sens – der Gegenverkehr

l'arrêt et le stationnement interdits – das (absolute) Halteverbot

le stationnement réglementé – das (eingeschränkte) Halteverbot

sens interdit – Einfahrt verboten

la limitation de vitesse – die Geschwindigkeitsbegrenzung

le dépassement interdit – das Überholverbot

demi-tour interdit – Wenden verboten

la voie sans issue – die Sackgasse

le passage à niveau – das Andreaskreuz (der Bahnübergang)

chaussée glissante – die Schleudergefahr

la pente raide – das Gefälle

l'itinéraire de déviation – die Umleitung

les dos d'âne – die Bodenwellen

l'embouteillage – der Stau

l'interdiction de dépassement – das Überholverbot

la direction à suivre – vorgeschriebene Fahrtrichtung

le poids maximal autorisé – die Beladungsgrenze

le virage serré – die Haarnadelkurve

l'accotement – der unbefestigte Randstreifen

rétrécissement de la chaussée – Achtung, Engstelle

les chutes de pierres – der Steinschlag

le passage d'animaux sauvages – der Wildwechsel

le rond-point – der Kreisverkehr

les vents latéraux – die Seitenwinde

obligation de tourner à droite – rechts vorbeifahren

l'auto-école – die Fahrschule

le cours de conduite – die Fahrstunde

le moniteur d'auto-école – der Fahrlehrer

l'apprentis conducteur – der Fahrschüler

l'examinateur à l'examen du permis de conduire – der Fahrprüfer

l'examen du permis de conduire – die Fahrprüfung

L'autoroute – Die Autobahn

trois voies
dreispurig

la voie d'accélération
der Beschleunigungsstreifen

la voie rapide
die Überholspur

la bretelle d'entrée
die Auffahrt

la bretelle de sortie
die Ausfahrt

le terre-plein central
der Mittelstreifen

la glissière de sécurit
die Leitplank

la bande d'arrêt d'urgence
die Standspur

le délinéateur
der Leitpfosten

les feux de détresse
das Warnblinklicht

le triangle de sécurité
das Warndreieck

l'aire de repos
die Raststätte

la borne d'appel d'urgenc
die Notrufsäule

le panneau d'indication des distances
die Entfernungstafel

la balise de distance
die Ankündigungsbake

La voiture – Das Auto

la peinture
der Autolack

le pare-brise
die Windschutzscheibe

l'essuie-glaces
der Scheibenwischer

le capot
die Motorhaube

le clignotant
der Blinker

le pneu
der Reifen

le phare
der Scheinwerfer

le rétroviseur extérieur
der Seitenspiegel

l'emblème de la marque
das (Marken-)Emblem

la roue
das Rad

la vitre
das Fenster

la portière
die Tür

la poignée de porte
der Türgriff

la serrure
das Türschloss

l'enjoliveur
die Radkappe

la jante
die Felge

le pneu à flanc blanc
der Weißwandreifen

le rétroviseur intérieur
der Rückspiegel

le volant
das Lenkrad

la calandre
der Kühlergrill

la plaque d'immatriculation
das Nummernschild

le pare-chocs
die Stoßstange

le chrome
das Chrom

la vitre arrière
die Heckscheibe

le feu arrière
das Rücklicht

le feu de recul
der Rückfahr-
scheinwerfer

l'essence
das Benzin

la trappe à essence
die Tankklappe

le pistolet de la
pompe à essence
der Zapfhahn

l'aile
der Kotflügel

le tuyau de la
pompe à essence
der Zapfsäulen-
schlauch

l'affichage du prix
die Betragsanzeige

l'affichage du volume
die Mengenanzeige

le prix au litre
der Literpreis

la pompe à essence
die Tanksäule

la station service
die Tankstelle

le bouchon de réservoir
der Tankdeckel

le gaz d'échappement
die Abgase

le pompiste
der Tankwart

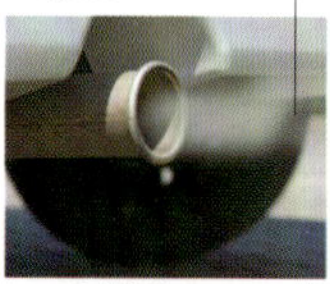

le pot d'échappement
der Auspuff

le coffre
der Kofferraum

l'antenne
die Antenne

le toit ouvrant
das Sonnendach

la plage arrière
die Hutablage

l'autocollant
der Aufkleber

la galerie de toit
der Dachgepäckträger

le siège arrière
die Rückbank

la housse de siège
der Sitzbezug

la ceinture de sécurité
der Sicherheitsgurt

le siège du conducteur
der Fahrersitz

la console centrale
die Mittelkonsole

l'appuie-tête
die Kopfstütze

le siège du passager
der Beifahrersitz

la clé de roue
der Kreuzschlüssel

le changement de pneu
der Reifenwechsel

le pneu de rechange
der Ersatzreifen

le crevaison
der Platte

le renouvellement d'huile
der Ölwechsel

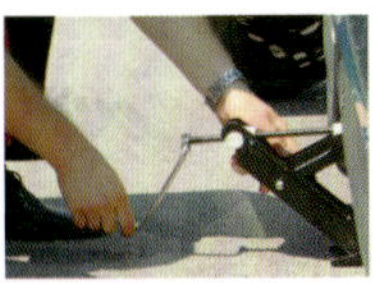

le cric
der Wagenheber

le chaîne à neige
die Schneeketten

le pneu d'hiver
der Winterreifen

la trace de pneu
der Reifenabdruck

le pneu d'été
der Sommerreifen

le pneu toute saison
der Allwetterreifen

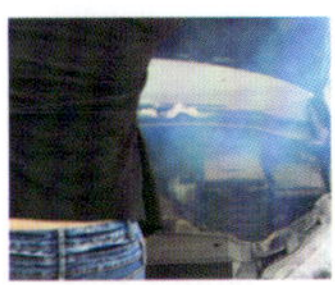

la panne de moteur
der Motorschaden

Les commandes – Die Armaturen

le compteur de vitesse
das Tachometer

le voyant d'essence
die Tankanzeige

le tableau de bord
das Armaturenbrett

le compte-tours
der Drehzahlmesser

l'air conditionné
die Klimaanlage

la conduite à gauche
die Linkssteuerung

les buses d'aération
die Lüftung

la commande du clignotant
der Blinkerhebel

la boîte à gants
das Handschuhfach

le levier de vitesse
der Schalthebel

l'avertisseur sonore
die Hupe

la commande des essuie-glaces
der Scheibenwischerhebel

l'allume-cigare
der Zigarettenanzünder

l'autoradio
das Autoradio

le frein à main
die Handbremse

la radio trafic
der Verkehrsfunk

l'airbag
der Airbag

l'odomètre
der Kilometerzähler

le kilométrage
der Kilometerstand

la poignée de porte intérieure
der Türöffner

la conduite à droite
die Rechtssteuerung

le porte-gobelets
der Getränkehalter

la pédale d'embrayage
das Kupplungspedal

la pédale de frein
das Bremspedal

la pédale d'accélérateur
das Gaspedal

le système de navigation embarqué
das Navigationsgerät

le siège auto
der Kindersitz

les feux de route
das Fernlicht

les feux de croisement
das Abblendlicht

le pare-soleil
die Sonnenblende

la boîte de vitesses automatique
die Automatik-schaltung

le boîte de vitesses manuelle
die Handschal-tung

le désodorisant
das Duftbäumchen

Les différents types de voitures – Die verschiedenen Autotypen

la citadine
der Kleinwagen

la voiture de collection
der Oldtimer

quatre roues motrices
der Allradantrieb

le véhicule tout-terrain
der Geländewagen

la voiture de course
der Rennwagen

le break
der Kombi

la décapotable
das Cabrio

le pick-up
der Pick-up

la camionnette
der Transporter

le minibus
der Kleinbus

le poids lourd
der LKW

la limousine
die Stretchlimousine

La moto – Das Motorrad

le réservoir à essence
der Benzintank

le carburateur
der Vergaser

la selle
der Sitz

le repose-pieds passager
die Soziusfußraste

l'unité de suspension
der Stoßdämpfer

le phare
der Scheinwerfer

le garde-boue
das Schutzblech

le pneu
der Reifen

la boîte de vitesses
der Getriebekasten

le cylindre
der Zylinder

le collecteur
der Krümmer

le châssis
der Rahmen

la jante
die Felge

le disque de frein
die Scheibenbremse

la fourche à suspension
die Federgabel

la béquille
der Seitenständer

le changement de vitesse
die Gangschaltung

la valve de petcock
der Benzinhahn

- A **le pot d'échappement** – das Auspuffrohr
- B **le silencieux** – der Auspufftopf
- C **le feu arrière** – der Rückscheinwerfer
- D **le rétroviseur** – der Rückspiegel
- E **le guidon** – die Lenkstange
- F **le repose-pieds** – die Fußraste
- G **la selle du passager** – der Soziussitz
- H **le clignotant** – der Blinker

la béquille centrale
der Hauptständer

le frein à tambour
die Trommelbremse

la serrure de contact
das Zündschloss

le filtre à air
der Luftfilter

la trappe à essence
der Tankdeckel

le side-car
der Beiwagen

l'avertisseur sonore
die Hupe

la pédale de frein
die Fußbremse

le kick-starter
der Kickstarter

la commande des clignotants
der Blinkschalter

le levier d'embrayage
der Kupplungshebel

le levier de frein avant
der Vorderbremsenhebel

l'accélérateur
der Gashahn

le câble de compteur
das Tachokabel

le compteur de vitesse
das Tachometer

l'odomètre
der Kilometerzähler

le voyant de pression d'huile
Öldruckwarnanzeige

le compte-tours
der Drehzahlmesser

la jauge de carburant
die Tankanzeige

L’équipement pour la moto – Die Motorradbekleidung

la bande réfléchissante
der Reflektorstreifen

la combinaison de moto
die Motorradkombi

le casque
der Helm

le cuir
der Lederanzug

la visière
das Visier

la genouillère
der Knieschützer

les gants en cuir
die Lederhandschuhe

les bottes
die Stiefel

Les différents types de motos – Die verschiedenen Motorradtypen

la sportive
die Rennmaschine

l'enduro
die Enduro

la moto cross
das Cross-Motorrad

la routière
die Tourenmaschine

le chopper
der Chopper

le quad
das Quad

le trike
das Trike

la mobylette
das Mofa

le scooter
der Roller

Le vélo – Das Fahrrad

le guidon
die Lenkstange

le sélecteur de vitesse
der Schalthebel

le câble de frein
der Bowdenzug

le frein avant
die Felgenbremse

la dynamo
der Dynamo

la fourche
die Gabel

la valve du pneu
das Reifenventil

la pédale
die Pedale

la bielle
die Kurbel

le pédalier
das Tretlager

le cadre
der Rahmen

la selle
der Sattel

le porte-bagages
der Gepäckträger

le garde-boue
das Schutzblech

le catadiopre
der Reflektor

le rayon
die Speiche

le pneu
der Reifen

la chambre à air
der Schlauch

la jante
die Felge

l'antivol
das Schloss

la poignée de frein
der Schalthebel

le pignon
die Nabenschaltung

la pompe à vélo
die Luftpumpe

le frein à tambour
die Trommelbremse

la roue
das (Lauf-)Rad

le moyeu
die Nabe

la chaîne
das Kettenblatt

le dérailleur avant
der (vordere) Umwerfer

le pignon arrière
das (hintere) Ritzel

le siège enfant
der Kindersitz

le dérailleur arrière
der (hintere) Umwerfer

le dérailleur
die Kettenschaltung

Les différents types de vélos – Die verschiedenen Fahrradtypen

le vélo tout-terrain
das Mountainbike

la poignée de frein
der Bremsgriff

le tube horizontal
die Stange

le porte-bouteille
der Flaschen-
halter

la chaîne
die Kette

la béquille
der Ständer

le vélo hollandais
das Hollandrad

le vélo de course
das Rennrad

le tandem
das Tandem

le vélo pour enfant
das Kinderrad

le kit de crevaison – das Flickzeug

le démonte-pneu – der Reifenheber

la rustine – der Flicken

la tube de colle – die Gummilösung

l'huile – das Öl

le cyclotourisme
das Tourenfahrrad

le BMX
das BMX-Rad

Les transports en commun – Die Verkehrsmittel

le rickshaw
die Rikscha

le tramway
die Straßenbahn

le métro
die U-Bahn

le train
die Eisenbahn

le taxi
das Taxi

le bus de tourisme
der Touristenbus

l'autocar
der Reisebus

le bus à deux étages
der Doppeldecker

le bus
der Zubringer(-bus)

le bateau
das Schiff

le ferry
die Fähre

le car-ferry
die Autofähre

bateau taxi
das Wassertaxi

le train à crémaillère
die Zahnradbahn

le monorail
die Magnetbahn

l'avion
das Flugzeug

le transport routier
der Straßenverkehr

le transport ferroviaire
der Schienenverkehr

le transport maritime
der Seeverkehr

le transport aérien
der Luftverkehr

Le bus – Der Bus

le numéro de bus
die Busliniennummer

la destination
das Ziel

le chauffeur
der Fahrer

l'arrêt de bus
die Bushaltestelle

l'entrée
der Einstieg

la file d'attente
die Warteschlange

l'issue de secours
der Notausstieg

le brise-vitre
der Nothammer

les horaires
der Fahrplan

le distributeur de tickets
der Fahrkartenautomat

la barre
der Haltegriff

la sonnerie
die Klingel

le siège
der Sitzplatz

l'abonnement mensuel – das Monatsticket
le billet – der Fahrschein
le réseau régional – der Regionalverkehr
le réseau long courrier – der Fernverkehr
la gare routière – der Busbahnhof
la poignée – die Halteschlaufe
la monnaie – das Kleingeld
la station de métro – der U-Bahnhof
la station de taxis – der Taxistand

Le train – Der Zug

l'escalator
die Rolltreppe

le guichet
der Fahrkartenschalter

les câbles aériens
die Oberleitung

la locomotive
die Lokomotive

le rail
das Gleis

le wagon
der Waggon

le quai
der Bahnsteig

le chef de train
der Schaffner

l'aiguillage ferroviaire
die Weiche

la traverse
die Schwelle

le bureau d'information
der Informationsschalter

le tableau d'indications
die Zuganzeige

le hall de gare
die Bahnhofshalle

le retard – die Verspätung

le prix du billet – der Fahrpreis

le billet aller et retour – das Rückfahrticket

l'aller simple – die einfache Fahrt

annulé – annulliert

les travaux – die Bauarbeiten

retardé – verschoben

la confirmation – die Bestätigung

changer de train – umsteigen

l'heure de pointe – die Hauptverkehrszeit

resquiller – schwarz fahren

l'amende – das erhöhte Beförderungentgelt

le terminus – die Endstation

L'avion – Das Flugzeug

la première classe – die erste Klasse

la classe affaire – die Businessklasse

la classe économique – die Economyklasse

la valise – der Koffer

le bagage à main – das Handgepäck

décoller – starten

atterrir – landen

le décalage horaire – der Jetlag

le masque à oxygène – die Sauerstoffmaske

la ceinture de sécurité – der Sicherheitsgurt

La cabine des passagers – Die Passagierkabine

l'hublot
das Fenster

le siège
der Sitzplatz

l'accoudoir
die Armlehne

la ceinture de sécurité
der Anschnallgurt

le dossier de siège
die Rückenlehne

l'allée
der Gang

la rangée
die Reihe

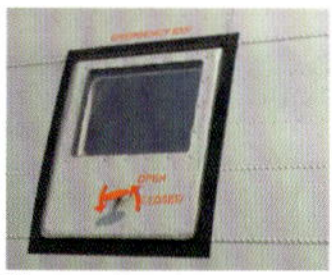

l'issue de secours
der Notausgang

le casier à bagages
das Gepäckfach

le sac vomitoire
der Spuckbeutel

l'hôtesse de l'air
die Stewardessen

le pilote
der Pilot

le gilet de sauvetage
die Rettungsweste

les turbulences – die Turbulenzen

le transit – der Transit

l'espace pour les jambes – der Sitzabstand

le programme de divertissement à bord – das Bordprogramm

les miles – die Meilen

la toboggan d'évacuation – die Notrutsche

le vol non fumeur – der Nichtraucherflug

le chariot à bagages – der Servierwagen

le magazine offert à bord – das Bordmagazin

L'aéroport – Der Flughafen

l'aéroport
der Flughafen

la compagnie aérienne
die Fluggesellschaft

les départs
der Abflug

les arrivées
die Ankunft

la destination
das Reiseziel

le vol international
der internationale Flug

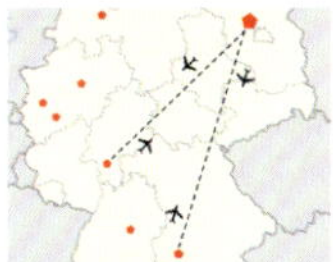

le vol intérieur
der Inlandsflug

le numéro de porte
die Gate-Nummer

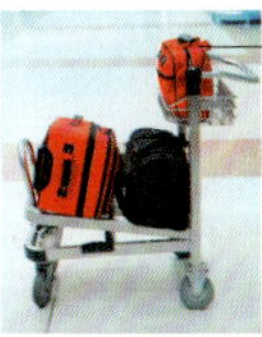

le chariot à bagages
der Gepäckwagen

le tapis roulant
das Gepäckband

l'escalier escamotable
die Gangway

le retrait des bagages
die Gepäckausgabe

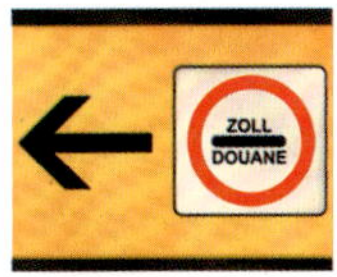

la douane
der Zoll

la tour de contrôle
der Tower

l'embarquement
das Einsteigen

la salle d'embarquement
die Abflughalle

le comptoir d'enregistrement
die Abfertigungsschalter

procéder à l'enregistrement
einchecken

le contrôle de sécurité
die Sicherheitskontrolle

le contrôle des passeports
die Passkontrolle

le duty free
der Duty-free-Shop

Les différents types d'avions – Die verschiedenen Flugzeugtypen

l'avion de ligne
das Passagierflugzeug

l'avion cargo
das Transportflugzeug

le jet privé
der Privatjet

l'aéronef à hélice
das Propellerflugzeug

l'hydravion
das Wasserflugzeug

le planeur
das Segelfluzeug

l'ULM
das Ultraleichtflugzeug

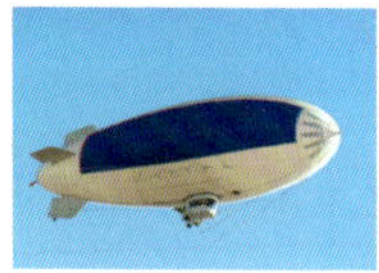

le zeppelin
der Zeppelin

l'avion de chasse à réaction
der Kampfjet

le bombardier
der Bomber

le biplan
der Doppeldecker

l'aéronef
das Fluggerät

la montgolfière
der Heißluftballon

la nacelle
die Gondel

Le voilier – Das Segelschiff

le mât
der Mast

la voile
das Segel

le voilier
das Segelschiff

l'ancre
der Anker

la barre
das Steuerrad

le garde-corps
die Reling

les marins
die Matrosen

le pont
das Deck

la vigie
der Ausguck

le gouvernail
das Ruder

le gréement
die Takelage

la cabine
die Kajüte

la cuisine de bateau
die Kombüse

la figure de proue
die Galionsfigur

le drapeau
die Flagge

la quille
der Kiel

l'écoutille
die Luke

à l'arrière
achtern

la poupe
das Heck

Le paquebot – Das Passagierschiff

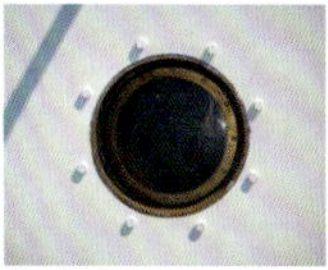
l'hublot
das Bullauge

la passerelle
die Brücke

le salle des machines
der Maschinenraum

le pont supérieur
das Sonnendeck

le canot de sauvetage
das Rettungsboot

la bouée de sauvetage
der Rettungsring

l'hélice
die Schiffsschraube

le radar
das Radar

la cheminée
der Schornstein

la coque
der Rumpf

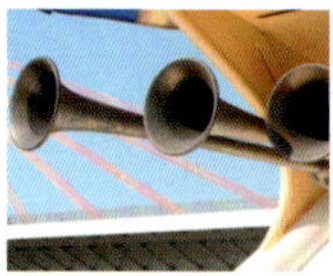
la corne de brume
das Nebelhorn

le capitaine
der Kapitän

le premier officier de pont
der erste Offizier

l'équipage
die Mannschaft

la cloche de navire
die Schiffsglocke

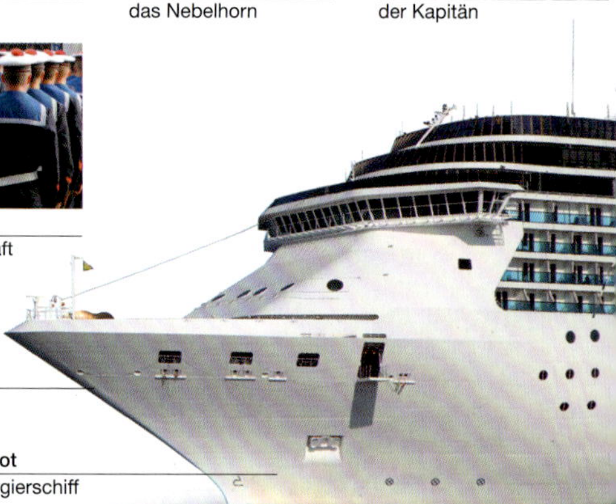
la proue
der Bug

le paquebot
das Passagierschiff

Les différents types de bateaux – Die verschiedenen Schiffstypen

le yacht
die Jacht

le catamaran
der Katamaran

le filet de pêche
das Fischernetz

le bateau de pêche
das Fischerboot

le porte-conteneurs
das Containerschiff

le bateau à aubes
der Raddampfer

le pétrolier
der Öltanker

l'îlot
die Kommandozentrale

la piste d'atterrissage
die Landebahn

le porte-avion
der Flugzeugträger

le sous-marin
das U-Boot

la gondole
die Gondel

Venise
Venedig

la maison flottante
das Hausboot

le navire de guerre
das Kriegsschiff

l'aéroglisseur
das Luftkissenboot

le zodiac
das Schlauchboot

Le port – Der Hafen

le quai
der Kai

le dock
das Dock

la balise flottante
die Boje

le bollard
der Poller

la jetée
der Pier

l'aussière
das Tau

le débarcadère
der Steg

le chantier naval
die Werft

Le voyage dans l’espace – Die Raumfahrt

la fusée
die Trägerrakete

la navette spatiale
die Raumfähre

la base de lancement
der Weltraumbahnhof

la rampe de lancement
die Startrampe

le compte à rebours
der Countdown

la station spatiale
die Raumstation

les étoiles
die Sterne

l’atmosphère terrestre
die Erdatmosphäre

la Terre
die Erde

sortir dans l’espace
einen Raumspaziergang machen

le combinaison spatiale
der Raumanzug

astronautes dans l’espace
Astronauten im Weltall

l’orbite
die Umlaufbahn

le satellite
der Satellit

Dans l'espace – Im Weltraum

l'ombre
der Schatten

le cratère
der Krater

l'exploration lunaire
der Mondspaziergang

l'alunissage
die Mondlandung

la surface
die Oberfläche

poussiéreux
staubig

être en apesanteur
schwerelos sein

DAINTREE
NEW YORK
5881kms
5945kms
SHANGHAI
GREAT BARRIER

LE VOYAGE – DAS REISEN

Les différents types de voyage – Die verschiedenen Arten des Reisens

le voyage d'affaires
die Geschäftsreise

les vacances en famille
der Familienurlaub

la lune de miel
die Hochzeitsreise

le voyage organisé
die Pauschalreise

le tour du monde
die Weltreise

la randonnée
die Rucksackreise

l'escapade
der Wochenendtrip

l'escapade citadine
die Städtereise

le safari
die Safari

le voyage vers une destination lointaine
die Fernreise

le convoi de véhicules
der Fuhrpark

le voyage aller-retour
die Rundreise

la visite de groupe
die Gruppenreise

le voyage d'études
die Bildungsreise

le bateau de croisière
das Kreuzfahrtschiff

la croisière
die Kreuzfahrt

sentier de randonnée
der Wanderweg

le pèlerinage
die Pilgerreise

le voyage scolaire
die Klassenfahrt

l'excursion
die Exkursion

le voyage d'aventure
die Abenteuerreise

La réservation et la préparation – Die Buchung und die Vorbereitung

réserver
buchen

la brochure de voyage
der Reisekatalog

la liste de tâches à faire
die Checkliste

planifier
planen

le prospectus
das Faltblatt

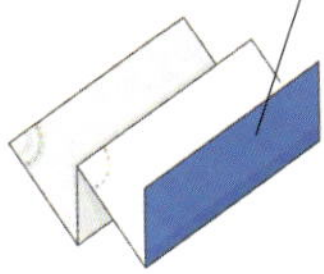

la réservation
die Buchung

la réservation
die Reservierung

le billet
die Fahrkarte

le passeport
der Reisepass

la réservation de siège
die Platzkarte

le blason
das Wappen

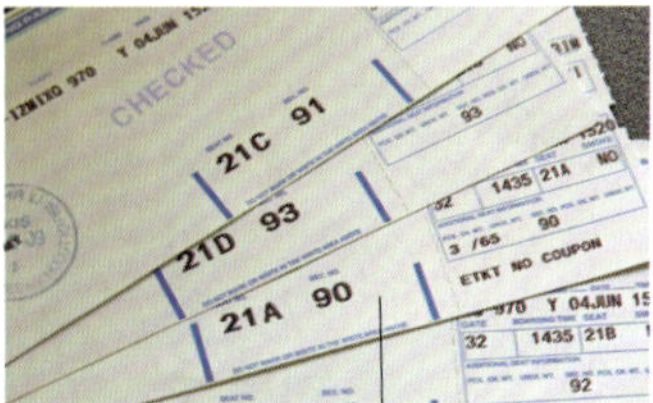

la carte d'embarquement
die Bordkarte

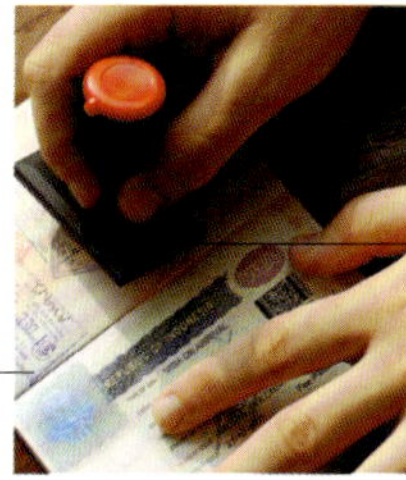

le tampon
der Stempel

le visa
das Visum

le certificat de vaccination
der Impfpass

manquer son avion
den Flug verpassen

l'itinéraire – die Route

l'annulation – die Stornierung

l'assurance d'annulation de voyage – die Reiserücktrittskostenversicherung

l'assurance de perte de bagages – die Reisegepäckversicherung

l'assurance de voyage – die Auslandskrankenversicherung

la vaccination – die Impfung

le certificat de vaccination – der Impfpass

la vaccination contre le paludisme – die Malaria-Prophylaxe

la vaccination contre le tétanos – die Tetanusimpfung

la vaccination contre l'hépatite – die Hepatitisimpfung

changer une réservation – umbuchen

confirmer une réservation – einen Flug bestätigen

la haute saison – die Reisezeit

le climat – das Klima

le mal des transports – die Reisekrankheit

le décalage horaire – die Zeitverschiebung

le passage de la frontière – der Grenzübergang

Les bagages – Das Reisegepäck

l'excédent de bagages
das Übergepäck

faire sa valise
packen

tassé
vollgestopft

ancien
altmodisch

la valise
der Koffer

l'autocollant
der Aufkleber

la valise à roulettes
der Rollkoffer

les clés de valise
die Kofferschlüssel

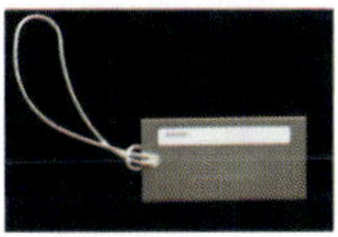

l'étiquette pour valise
der Gepäckanhänger

le sac de voyage
die Reisetasche

le sac à dos
der Rucksack

le cadenas de valise
das Kofferschloss

le vanity-case
der Kosmetikkoffer

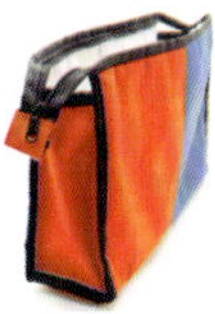

la trousse de toilette
der Kulturbeutel

lesac à main
die Schultertasche

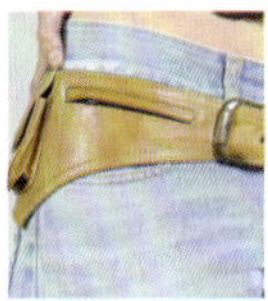

la banane
die Gürteltasche

la ceinture porte-monnaie
der Geldgürtel

le bagage à main
das Handgepäck

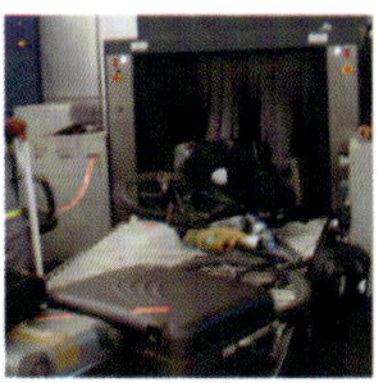

le bagage volumineux
das Sperrgepäck

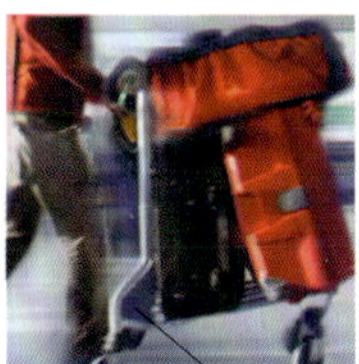

le chariot
der Kofferkuli

le sac en plastique hermétique
der wiederverschließbare Plastikbeutel

Équipement de voyage utile – Nützliche Reiseutensilien

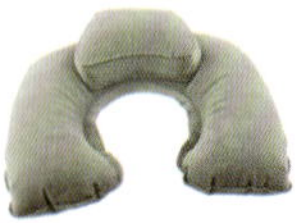

l'oreiller de voyage
das Nackenhörnchen

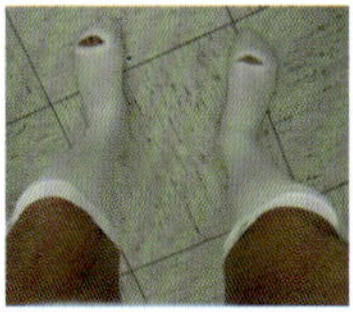

les bas de compression
die Thrombosestrümpfe

la glacière
die Kühlbox

les provisions
der Proviant

le guide touristique
der Reiseführer

le dictionnaire
das Wörterbuch

la devise étrangère
das ausländische Geld

la sangle
der Spanngurt

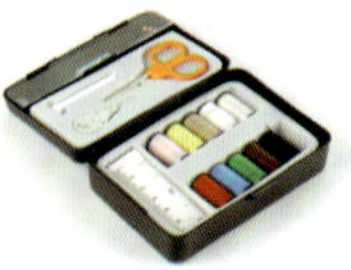

le nécessaire de couture
das Nähzeug

les lingettes
die feuchten Tücher

le voltage
die Stromspannung

l'adaptateur de voyage
der Reisestecker/Adapter

le produit pour la lessive à la main
das Handwaschmittel

les bouchons d'oreilles
die Ohrstöpsel

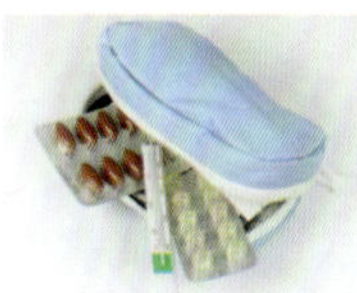

la trousse de premiers soins
die Reiseapotheke

le pansement
das Pflaster

pulvériser
sprühen

l'anti-moustique
der Mückenschutz

À l'hôtel – Im Hotel

le complexe hôtelier
die Hotelanlage

la chaîne hôtelière
die Hotelkette

la réception
die Rezeption

le garage en sous-sol
die Tiefgarage

le hall
die Lobby

l'ascenseur
der Aufzug

le panneau de sortie de secours
die Notausgangsleuchte

le couloir
der Flur

l'extincteur
der Feuerlöscher

la chambre simple
das Einzelzimmer

la chambre double
das Doppelzimmer

la chambre double avec lits jumeaux
das Zweibettzimmer

le dortoir
das Mehrbettzimmer

la suite
die Suite

la suite avec salle de bains
Zimmer mit Bad

la jardinière
der Blumenkasten

le balcon
der Balkon

la chaise longue
die Sonnenliege

le lit de camp
das Zustellbett

le numéro de chambre
die Zimmernummer

la clé de chambre
der Zimmerschlüssel

la carte clé
die Schlüsselkarte

le bagagiste
der Hotelpage

la femme de chambre
das Zimmermädchen

la poignée de porte
die Türklinke

l'interdiction de déranger
das Bitte-nicht-stören-Schild

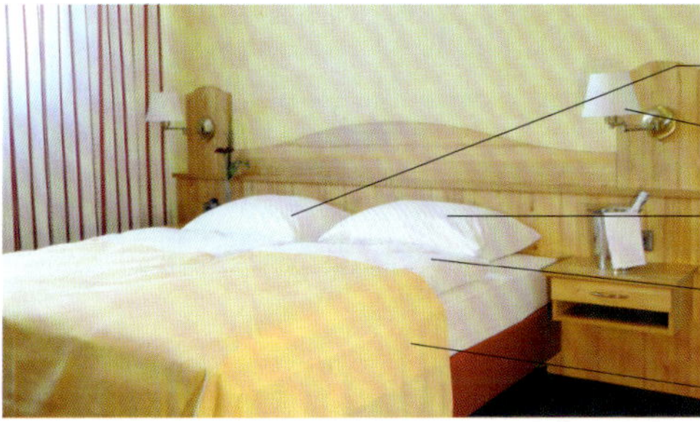

la couverture en laine
die Wolldecke

les serviettes de toilette
die Handtücher

les peignoirs de bain
die Bademäntel

les chaussons
die Slipper

l'air conditionné
die Klimaanlage

le minibar
die Minibar

le ventilateur
der Ventilator

la télévision
der Fernseher

le buffet
das Büfett

le buffet de petit-déjeuner
das Frühstücksbüfett

la salle du petit-déjeuner
der Frühstücksraum

le remous
der Whirlpool

trinquer
anstoßen

le spa
der Wellnessbereich

le bar de la piscine
die Poolbar

les décors de la piscine
die Poollandschaft

la piscine
das Schwimmbad

le toboggan
die Wasserrutsche

le petit bassin
das Kinderbecken

transpirer
schwitzen

le sauna
die Sauna

la salle de sport
der Fitnessraum

la machine à cirer
der Schuhputzautomat

chambres libres – freie Zimmer
l'arrivée – die Ankunft
le départ – die Abfahrt
arriver à l'hôtel (formalités) – einchecken
quitter l'hôtel (formalités) – auschecken
le formulaire d'inscription – der Anmeldebogen
remplir (un formulaire) – ausfüllen
le prénom – der Vorname
le nom de famille – der Nachname
la date de naissance – das Geburtsdatum
la nationalité – die Nationalität
la réduction pour enfant – die Kinderermäßigung
petit-déjeuner inclus – mit Frühstück
la demi-pension – die Halbpension
la pension complète – die Vollpension
le service de chambre – der Zimmerservice
le pourboire – das Trinkgeld
l'issue de secours – der Fluchtweg
accessible aux handicapés – behindertengerecht
défectueux – defekt
animaux de compagnie tolérés – Haustiere erlaubt
le service de réveil – der Weckanruf

Autres types de logements –
Andere Arten der Unterbringung

la chambre d'hôtes
die Frühstückspension

la pension de famille
die Pension

le petit-déjeuner continental
das kontinentale Frühstück

les haricots blancs en sauce
die Bohnen in Tomatensauce

le petit-déjeuner à l'anglaise
das englische Frühstück

le chauffage
die Heizung

la maison de vacances
die Ferienwohnung

le concierge
der Verwalter

la cuisine indépendante
die Selbstkocherküche

les lits superposés
das Stockbett/das Etagenbett

le gérant d'auberge
der Jugendherbergsvater

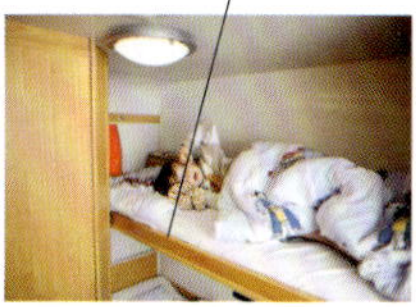

le dortoir
der Schlafsaal

l'auberge de jeunesse
die Jugendherberge/
das Hostel

le casier
das Schließfach

la salle commune
der Gemeinschaftsraum

la buanderie
der Wäscheraum

louer – leihen

l'accès à Internet – der Internetzugang

la caution – die Kaution

le couvre-feu – die (nächtliche) Schließzeit

le bruit – der Lärm

la carte d'adhérent – der Jugendherbergsausweis

Les vacances au camping – Der Campingurlaub

le camping
der Campingplatz

les douches communes
die Duschen

le camping-car
das Wohnmobil

l'abside
das Vorzelt

la tente dôme
das Igluzelt

la sardine
der Hering

le rabat
die Klappe

l'arceaux
das Gestänge

la caravane
der Wohnwagen

le mât de tente
die Zeltstange

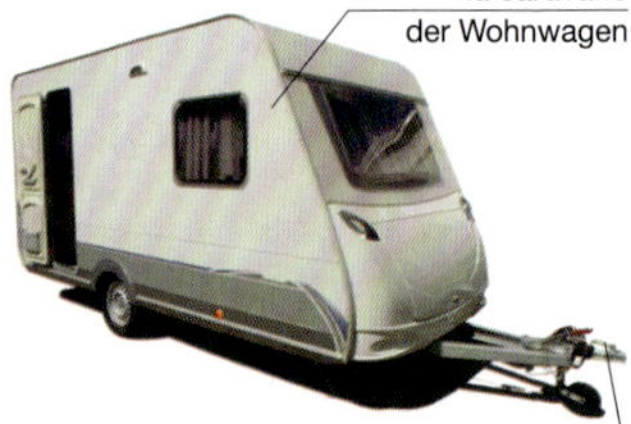

la tente
das Zelt

l'attelage de remorque
die Anhängerkupplung

planter une tente
ein Zelt aufbauen

le matelas pneumatique
die Luftmatratze

le raccordement électrique
der Stromanschluss

le sac de couchage
der Schlafsack

la chaise pliante
der Campingstuhl

la pompe à air
die Luftpumpe

la moustiquaire
das Moskitonetz

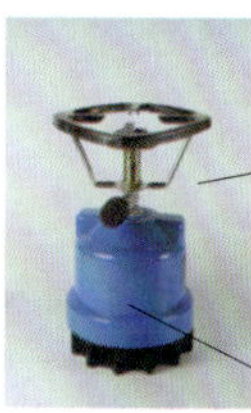

le réchaud de camping
der Gaskocher

la cartouche de gaz
die Gaskartusche

la bouteille de gaz
die Gasflasche

le matelas autogonflant
die selbstaufblasende Isomatte

la grille de cuisson
der Grillrost

le barbecue
der Grill

la poignée
der Griff

le nécessaire de cuisine
das Campinggeschirr

le charbon
die Holzkohle

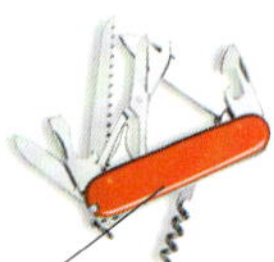

le couteau suisse
das Taschenmesser

les flammes
die Flammen

la bûche
das Holzscheit

le feu de camp
das Lagerfeuer

la lampe torche
die Taschenlampe

la frontale
die Stirnlampe

la lampe à pétrole
die Petroleumlampe

Prendre des photos – Fotos machen

le protège objectif
die Schutzkappe

le flash
der Blitz

le viseur
der Sucher

l'appareil photo numérique
die Digitalkamera

l'affichage
das Display

le retardateur
der Selbstauslöser

le déclencheur
der Auslöser

l'appareil photo reflex
die Spiegelreflexkamera

la ligne de mire
das Fadenkreuz

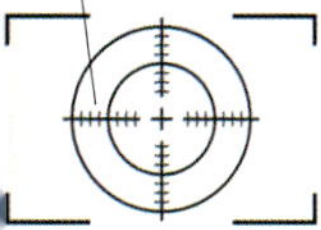

faire la mise au point
fokussieren

le téléobjectif
das Teleobjektiv

la lentille
die Linse

le zoom
der Zoom

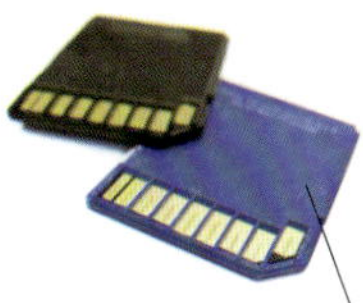

l'image gros plan
die Makroaufnahme

la carte mémoire
die Speicherkarten

l'objectif grand angle
das Weitwinkelobjektiv

la batterie rechargeable
der Akku

la pellicule
der Film

le trépied
das Stativ

prendre une photo
ein Bild machen

le format portrait
das Hochformat

le format paysage
das Querformat

la photo de groupe
das Gruppenfoto

la photo instantanée
der Schnappschuss

flou
unscharf

sombre
dunkel

surexposé
überbelichtet

la chambre noire
die Dunkelkammer

faire développer
entwickeln

À la plage – Am Strand

les embruns
die Gischt

la mer
das Meer

le surf
die Brandung

la vague
die Welle

la plage de galets
der Steinstrand

l'empreinte de pas
der Fußabdruck

la plage de sable
der Sandstrand

la plage nudiste
der FKK-Strand

le palmier
die Palme

la noix de coco
die Kokosnuss

le bois flotté
das Strandgut

l'algue
die Algen

la méduse
die Qualle

l'étoile de mer
der Seestern

le coquillage
die Muschel

la marée basse – die Ebbe
la marée haute – die Flut
le courant – die Strömung
dangereux – gefährlich
la température de l'eau – die Wassertemperatur

les dunes de sable
die Dünen

la station balnéaire
das Seebad

le crépuscule
die Dämmerung

la jetée
die Seebrücke

le front de mer
die Strandpromenade

les cabines
die Umkleidekabinen

la location de vélos
der Fahrradverleih

le pédalo
das Tretboot

rayé
gestreift

la chaise longue
der Liegestuhl

la chaise de plage
der Strandkorb

le hamac
die Hängematte

le château de sable
die Sandburg

la pelle
die Schaufel

le seau
der Eimer

le sable
der Sand

le moule pour pâté
das Förmchen

l'épuisette
der Kescher

le parasol
der Sonnenschirm

le pare-vent
der Windschutz

le cocktail
der Cocktail

le panier à pique-nique
der Picknickkorb

le bar de plage
die Strandbar

fruits frais
frische Früchte

le chapeau de paille
der Sonnenhut

les tongs
die Badelatschen

le frisbee
die Frisbeescheibe

le sac de plage
die Badetasche

le beach-volley
das Beachvolleyball

le badminton
das Federball

le cerf-volant
der Lenkdrachen

les bulles
die Seifenblasen

se baigner
baden

le sauveteur
die Badeaufsicht

le bateau gonflable
das Schlauchboot

le masque de plongée
die Taucherbrille

plonger
tauchen

les lunettes de piscine
die Schwimmbrille

le ballon de plage
der Wasserball

les palmes
die Flossen

faire de la plongée
schnorcheln

le tuba
der Schnorchel

la bouée gonflable
der Schwimmreifer

gonflable
aufblasbar

l'animal gonflable
das Gummitier

les brassards gonflables
die Schwimmflügel

le wakeboard
das Wakeboard

le scooter des mers
der Jetski

le pistolet à eau
die Wasserpistole

la wakeboardeuse
die Wakeboard-Fahrerin

faire du scooter des mers
Jetski fahren

le surfeur
der Surfer

surfer
wellenreiten

la combinaison de plongée
der Neoprenanzug

la crème solaire
die Sonnencreme

l'indice de protection solaire
der Lichtschutzfaktor

le skieur nautique
der Wasserskifahrer

bronzer
sonnenbaden

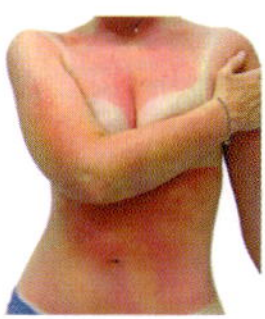

le coup de soleil
der Sonnenbrand

le ski nautique
der Wasserski

le coucher de soleil
der Sonnenuntergang

L'escapade citadine – Die Städtetour

la visite touristique
die Besichtigungstour

la visite guidée
die Führung

le guide touristique
der Touristenführer

la visite de la ville
die Stadtrundfahrt

le bus à toit ouvert
oben offener Sightseeingbus

la croisière sur la rivière
die Flussfahrt

le monument incontournable
das Wahrzeichen

la tour Eiffel
Eiffelturm

la tour penchée de Pise
der Schiefe Turm von Pisa

informations touristiques
die Touristeninformation

le baptistère
das Baptisterium

le monument historique
das historische Gebäude

la Grande Muraille de Chine
die Chinesische Mauer

les attractions touristiques
die Sehenswürdigkeiten

le plan de la ville
der Stadtplan

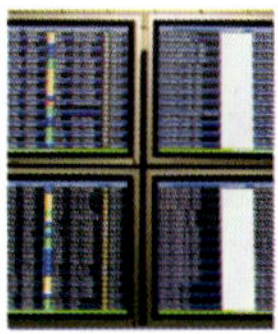

les horaires
der Fahrplan

le bureau de change
die Wechselstube

la ruine
die Ruine

le musée
das Museum

la galerie d'art
die Galerie

l'exposition
die Ausstellung

la jardin botanique
der botanische Garten

la terrasse d'observation
die Aussichtsplattform

la tour d'observation
der Aussichtsturm

la boutique de souvenirs
der Andenkenladen

le souvenir
das Andenken

le zoo
der Zoo

ouvert – geöffnet

fermé – geschlossen

le droit d'entrée – das Eintrittsgeld

l'adulte – der Erwachsene

les concessions – die Ermäßigungen

Où se trouve… ? – Wo ist …?

gauche – links

droite – rechts

Je suis perdu(e). –
Ich habe mich verlaufen.

le pickpocket – der Taschendieb

Les vacances d'hiver – Die Winterferien

le skieur
der Skifahrer

les bâtons de ski
die Skistöcke

les skis
die Skier

skier
Ski fahren

la piste
die Piste

gelé
zugefroren

la neige fraîche
der Neuschnee

la neige
der Schnee

la poudreuse
der Tiefschnee

le snowboarding
das Snowboarden

le snowboardeur
der Snowboardfahrer

l'anorak
der Anorak

la station de sports d'hiver
der Wintersportort

la combinaison de ski
der Skianzug

le casque
der Helm

les lunettes de ski
die Skibrille

les gants de ski
die Skihandschuhe

la fixation
die Bindung

les chaussures de ski
die Skischuhe

les moufles
die Fausthandschuhe

le téléski
der Skilift

le remonte-pente
der Schlepplift

le glacier
der Gletscher

le téléphérique
die Gondelbahn

la cabine
die Kabine

le télésiège
der Sessellift

la station de vallée
die Talstation

la station d'altitude
die Bergstation

le forfait
der Skipass

l'après-ski
das Après-Ski

le husky
der Schlittenhund

la téléski à enrouleurs
der Tellerlift

le ski de fond
der Langlauf

la piste de ski de fond
die Loipe

le traîneau à chiens
das Schlittenhunderennen

la luge
der Schlitten

le traîneau
der Pferdeschlitten

l'avalanche
die Lawine

À la montagne – In den Bergen

le parc national
der Nationalpark

le sommet
der Gipfel

la montagne
der Berg

le rocher
der Felsen

la chaîne de montagnes
das Gebirge

la forêt
der Wald

les Alpes
die Alpen

la vallée
das Tal

l'alpage
die Alm

la colline
der Hügel

le col
der Pass

le point de vue
der Aussichtspunkt

le village
das Dorf

la paroi rocheuse
die Felswand

le chalet de montagne
die Berghütte

le trekking, la randonnée
das Wandern

la boussole
der Kompass

la carte de randonnée
die Wanderkarte

le GPS
das GPS-Gerät

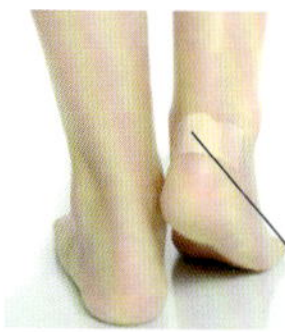

le mal d'altitude
die Höhenkrankheit

l'ampoule
die Blase (am Fuß)

la grotte
die Höhle

la cascade
der Wasserfall

le fleuve
der Fluss

la rive
das Ufer

la gorge
die Schlucht

le lac
der See

la vue
die Aussicht

D'autres choses à voir en vacances – Was man im Urlaub noch sehen kann

le paysage
die Landschaft

les falaises
die Klippen

la côte
die Küste

le village de pêcheurs
das Fischerdorf

le port
der Hafen

le mouillage
der Ankerplatz

le phare
der Leuchtturm

la barrière de corail
das Korallenriff

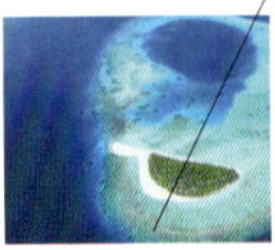

l'île
die Insel

le lagon
die Lagune

la fumée
der Rauch

l'éruption volcanique
der Vulkanausbruch

le volcan
der Vulkan

le désert
die Wüste

la savane
die Savanne

l'oasis
die Oase

la taïga
die Taiga

le renne
das Rentier

le bois
das Geweih

la toundra
die Tundra

le chemin en bois
der hölzerne Steg

la lande
das Moor

la forêt
der Wald

le marais
das Sumpfgebiet

le pont célèbre
die berühmte Brücke

le château
das Schloss

a forteresse
die Festung

l'aile de moulin à vent
der Windmühlenflügel

le moulin à vent
die Windmühle

le torero
der Stierkämpfer

les pyramides
die Pyramiden

les locaux
die Einheimischen

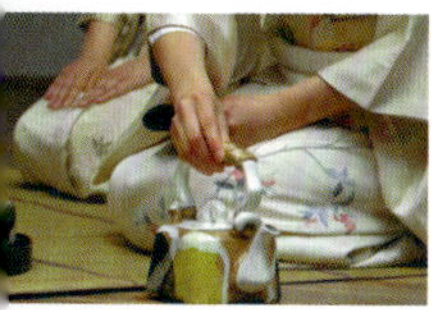

a cérémonie
ie Zeremonie

la corrida
der Stierkampf

la fête
das Fest

le déguisement
das Kostüm

le carnaval
der Karneval

LES PLANTES ET LES ANIMAUX – DIE PFLANZEN UND DIE TIERE

Les arbres – Die Bäume

le bourgeon
die Knospe

le trou de nœud
das Astloch

le cerne de croissance
der Jahresring

la souche
der Stumpf

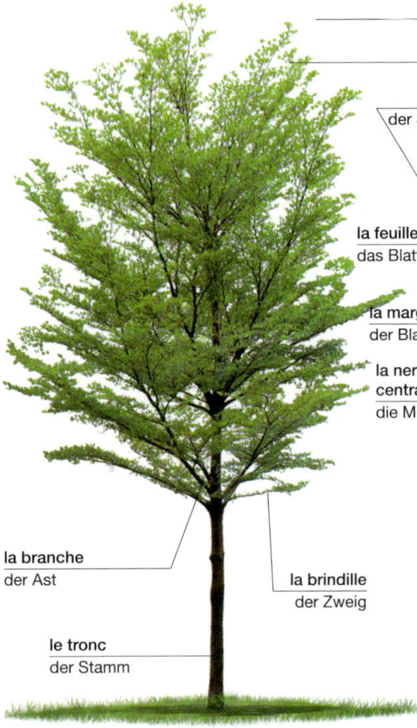

l'arbre
der Baum

la couronne
die Krone

la branche
der Ast

la brindille
der Zweig

le tronc
der Stamm

la racine
die Wurzel

le pétiole
der Spreitengrund

le limbe
die Blattspreite

les nervures
die Seitenrippe

la feuille
das Blatt

le pointe
die Spreitenspitze

la marge
der Blattrand

la nervure centrale
die Mittelrippe

l'écorce
die Rinde

le feuillage
das Laub

Les conifères – Die Nadelbäume

les aiguilles de sapin
die Tannennadeln

l'épicéa
die Fichte

le sapin
die Tanne

le cône
der Zapfen

le cèdre
die Zeder

le mélèze
die Lärche

le pin
die Pinie

le pin sylvestre
die Kiefer

le cyprès
die Zypresse

Les arbres à feuilles caduques – Die Laubbäume

le gland
die Eichel

les faines
die Bucheckern

le chêne
die Eiche

le hêtre
die Buche

le marronnier
die Rosskastanie

la châtaigne
die Kastanie

l'érable
der Ahorn

le bouleau
die Birke

le peuplier
die Pappel

le saule
die Weide

le sycomore
die Platane

la mousse
das Moos

l'arbre fruitier
der Obstbaum

le verger
die Obstwiese

le gui
die Mistel

le tilleul
die Linde

le frêne
die Esche

Autres arbes – Andere Bäume

la goutte de rosée
der Tautropfen

le houx
die Stechpalme, der Ilex

le bambou
der Bambus

le baobab
der Affenbrotbaum

le séquoia
der Mammutbaum

l'acacia parasol
die Schirmakazie

Les arbustes et les haies – Die Sträucher und die Hecken

le bosquet
das Gebüsch

le buisson
der Busch

le sureau
der Holunderstrauch

le genévrier
der Wacholder

le noisetier
der Haselstrauch

l'aubépine
der Weißdorn

le prunellier
der Schlehdorn

la ronce sauvage
der Hagebuttenstrauch

le genêt
der Ginster

le laurier-rose
der Oleander

l'hortensia
die Hortensien

le bougainvillier
die Bougainvillea

le rhododendron
der Rhododendron

la haie
die Hecke

le rosier
die Heckenrosen

le buis
der Buchsbaum

Les plantes et les fleurs sauvages d'Europe – Europäische Wildpflanzen und -blumen

l'herbe
das Gras

le champignon
der Pilz

le lichen
die Flechte

l'amanite tue-mouches
der Fliegenpilz

le champignon vénéneux
der giftige Pilz

le chardon
die Distel

l'ortie
die Brennnessel

l'oseille
der Sauerampfer

la berce
der Bärenklau

la camomille
die Kamille

la fougère
der Farn

la primevère
die Sumpfdotterblume

la bruyère
das Heidekraut

le coquelicot
der Mohn

le pissenlit
der Löwenzahn

l'aigrette de pissenlit
die Pusteblume

le trèfle
der Klee

la pâquerette
das Gänseblümchen

le/la perce-neige
das Schneeglöckchen

le crocus
der Krokus

le bouton d'or
die Butterblume

le muguet
das Maiglöckchen

le bleuet
die Kornblume

le lierre
der Efeu

le nénuphar
die Seerose

Les plantes ornementales – Die Zierpflanzen

le pétale
das Blütenblatt

la fleur
die Blüte

la tige
der Stängel

l'épine
der Dorn

la rose
die Rose

les graines
der Samen

le rosier grimpant
die Kletterrose

l'œillet
die Nelke

la primevère
die Primel

la pensée
das Stiefmütterchen

le calice
der Blütenkelch

la tulipe
die Tulpe

la jonquille
die Narzisse

l'iris
die Iris

le lilas
der Flieder

la marguerite
die Margerite

la souci
die Ringelblume

la violette
das Veilchen

le cyclamen
das Alpenveilchen

le dahlia
die Dahlie

le glaïeul
die Gladiole

le géranium
die Geranie

la plante en pot
die Topfpflanze

le terreau
die Blumenerde

les billes d'argile
das Substrat

l'hydroponie
die Hydrokultur

le pot de fleur
der Blumentopf

le cactus
der Kaktus

le ficus
der Ficus

l'arbre à caoutchouc
der Gummibaum

la plante carnivore
die fleischfressende Pflanze

le bouquet
der Blumenstrauß

la fleur coupée
die Schnittblume

le pied d'éléphant
der Elefantenfuß

arroser les fleurs – die Blumen gießen
être en pleine floraison – in voller Blüte stehen
parfumé – duftend
se faner – welken
non fertile (terre) – abgestorben
fertiliser – düngen
la mauvaise herbe – das Unkraut
désherber – jäten
couper en biais – schräg anschneiden
classer les fleurs – Blumen bestimmen
faire un bouquet – Blumen anordnen
les fleurs nocturnes – die Nachtblüher
les fleurs de printemps – die Frühlingsblumen

Les cultures agricoles – Die Nutzpflanzen

la vigne
die Weinrebe

le colza
der Raps

le chanvre
der Hanf

le houblon
der Hopfen

la lavande
der Lavendel

le tournesol
die Sonnenblume

la moutarde
der Senf

le coton
die Baumwolle

le sucre de canne
das Zuckerrohr

Les insectes – Die Insekten

la voilette
der Schleier

l'apiculteur
der Imker

la combinaison
die Schutzkleidung

la colonie d'abeilles
das Bienenvolk

la ruche
der Bienenstock

le chapeau d'apiculteur
der Imkerhut

le rayon de miel
die Bienenwabe

la cire d'abeille
das Bienenwachs

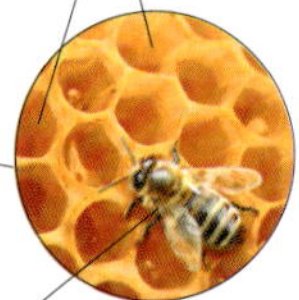

l'abeille
die Honigbiene

l'œil à facette
das Facettenauge

la mouche
die Stubenfliege

la mouche des fruits
die Fruchtfliege

le moustique
die Mücke

l'araignée
die Spinne

la tarentule
die Vogelspinne

la guêpe
die Wespe

le bourdon
die Hummel

le coléoptère
der Käfer

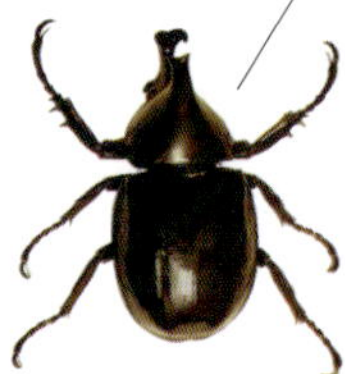

le frelon
die Hornisse

la libellule
die Libelle

la coccinelle
der Marienkäfer

la chenille
die Raupe

le cocon
der Kokon

le papillon
der Schmetterling

la larve
die Larve

le mille-pattes
der Hundertfüßler

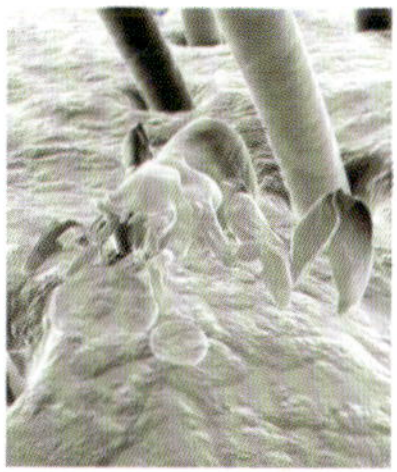

le pou
die Laus

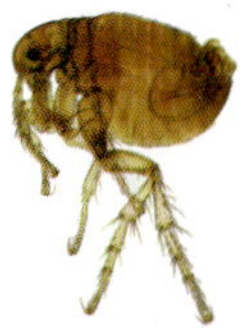

la puce
der Floh

le cafard
die Schabe

la punaise
die Wanze

le grillon
die Grille

la tique
die Zecke

le fourmi
die Ameise

la sauterelle
die Heuschrecke

Les oiseaux – Die Vögel

Les oiseaux européens – Die europäischen Vögel

le bec
der Schnabel

la plume
die Feder

l'aile
der Flügel

la serre
die Kralle

le merle
die Amsel

le moineau
der Sperling

la mésange
die Meise

la corneille
die Krähe

le pigeon
die Taube

le grand corbeau
der Rabe

le coucou
der Kuckuck

le rossignol
die Nachtigall

le pivert
der Specht

l'hirondelle
die Schwalbe

la pie
die Elster

le martin-pêcheur
der Eisvogel

le faisan
der Fasan

le cygne
der Schwan

le paon
der Pfau

la cigogne
der Storch

le héron
der Reiher

la grue
der Kranich

Les oiseaux de mer – Die Seevögel

la mouette
die Möwe

le pélican
der Pelikan

l'albatros
der Albatros

le macareux
der Papageientaucher

l'huîtrier
der Austernfischer

le pingouin
der Pinguin

Les oiseaux exotiques – Die exotischen Vögel

le flamant rose
der Flamingo

le colibri
der Kolibri

le toucan
der Tukan

les inséparables
die Unzertrennlichen

le perroquet
der Papagei

la perruche
der Wellensittich

le canari
der Kanarienvogel

l'autruche
der Strauß

l'émeu
der Emu

le kiwi
der Kiwi

Les oiseaux de proie – Die Greifvögel

l'aigle
der Adler

le vautour
der Geier

la crécerelle
der Habicht

le faucon
der Falke

la buse
der Bussard

le hibou
die Eule

L'aquarium – Das Aquarium

Les poissons – Die Fische

les sillons labiaux
die Labialfurchen

les fentes branchiales
die Kiemen

la nageoire dorsale
die Rückenflosse

la nageoire caudale
die Schwanzflosse

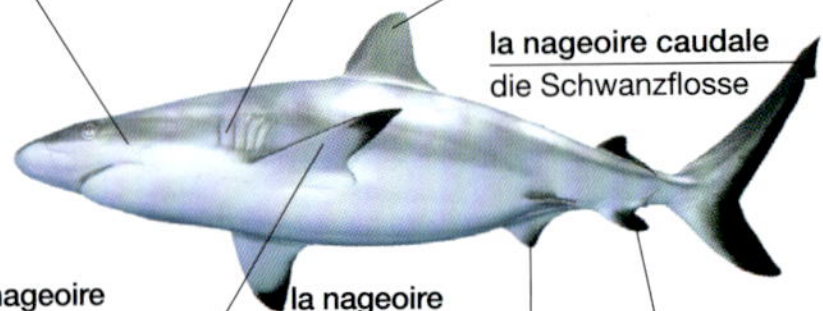

la nageoire pectorale
die Brustflosse

la nageoire pelvienne
die Bauchflosse

le requin
der Hai

la nageoire anale
die Analflosse

la raie
der Rochen

les écailles
die Schuppen

le piranha
der Piranha

l'espadon
der Schwertfisch

le poisson clown
der Clownfisch

le poisson nettoyeur
der Putzerfisch

le poisson rouge
der Goldfisch

la carpe koï
der Koi-Karpfen

le poisson ballon
der Kugelfisch

l'oursin de mer
der Seeigel

le banc de poissons
der Fischschwarm

le corail
die Koralle

l'hippocampe
das Seepferdchen

le guppy
der Guppy

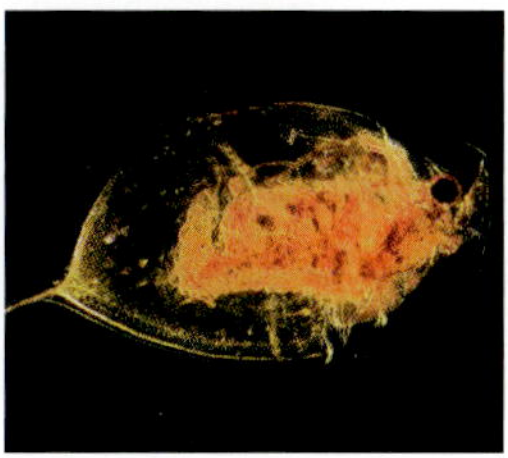

le plancton
das Plankton

l'éponge
der Schwamm

Les amphibiens et les reptiles – Die Amphibien und die Reptilien

la grenouille
der Frosch

le têtard
die Kaulquappe

le crapaud
die Kröte

l'iguane
der Leguan

le serpent
die Schlange

le serpent venimeux
die Giftschlange

le cobra
die Kobra

l'orvet
die Blindschleiche

la carapace
der Panzer

la tortue
die Schildkröte

la tortue de mer
die Wasserschildkröte

l'alligator
der Alligator

le crocodile
das Krokodil

Les animaux du zoo – Die Zootiere

la trompe
der Rüssel

l'éléphant
der Elefant

la girafe
die Giraffe

la crinière
die Löwenmähne

le lion
der Löwe

le lionceau
das Löwenbaby

la lionne
die Löwin

le tigre
der Tiger

le léopard
der Leopard

le guépard
der Gepard

la corne
das Horn

le rhinocéros
das Nashorn

l'hippopotame
das Flusspferd

le zèbre
das Zebra

l'antilope
die Antilope

le gorille
der Gorilla

le chimpanzé
der Schimpanse

le babouin
der Pavian

le suricate
das Erdmännchen

le hyène
die Hyäne

le bison d'Amérique
der amerikanische Bison

le phacochère
das Warzenschwein

le porc-épic
das Stachelschwein

la bosse
der Höcker

le chameau
das Kamel

le lama
das Lama

l'orang-outan
der Orang-Utan

le grizzly
der Grizzlybär

le panda
der Panda

le koala
der Koala

l'ours brun
der Braunbär

l'ours polaire
der Eisbär

le phoque
die Robbe

le fourmilier
der Ameisenbär

le paresseux
das Faultier

le kangourou
das Känguru

la baleine
der Wal

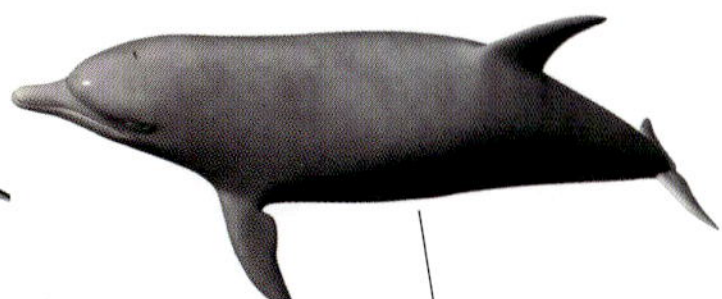

le dauphin
der Delfin

Les animaux sauvages d’Europe – Europäische Wildtiere

la chauve-souris
die Fledermaus

le hérisson
der Igel

l’écureuil
das Eichhörnchen

la taupe
der Maulwurf

la marmotte
das Murmeltier

la martre
der Marder

le castor
der Biber

le lièvre
der Hase

le renard
der Fuchs

le blaireau
der Dachs

le raton laveur
der Waschbär

le loup
der Wolf

le sanglier sauvage
das Wildschwein

le daim
das Rotwild

le chevreuil
das Reh

le faon
das Kitz

le bois
das Geweih

le cerf
der Hirsch

le gibier
das Wild

l’élan
der Elch

Les animaux domestiques – Die Haustiere

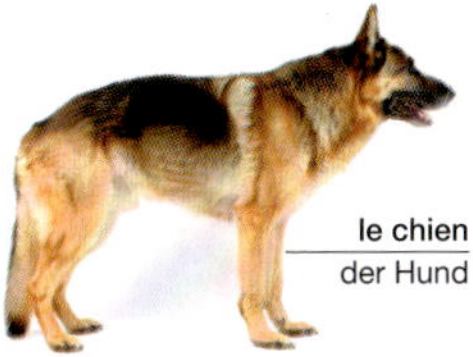

le chien
der Hund

le berger allemand
der Schäferhund

le chiot
der Welpe

la litière pour chat
die Katzenstreu

les moustaches
die Schnurrhaare

le chaton
das Kätzchen

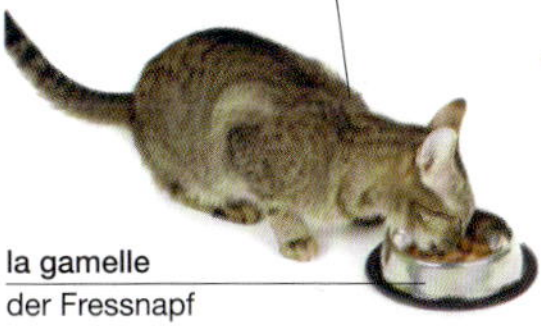

le chat
die Katze

la gamelle
der Fressnapf

l'arbre à chat
der Kratzbaum

le cochon d'Inde
das Meerschweinchen

le lapin
das Kaninchen

le hamster
der Hamster

le rat
die Ratte

la gerbille
die Wüstenrennmaus

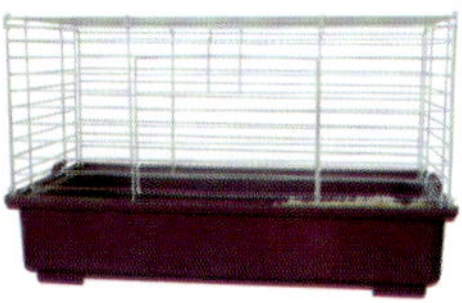

la cage
der Käfig

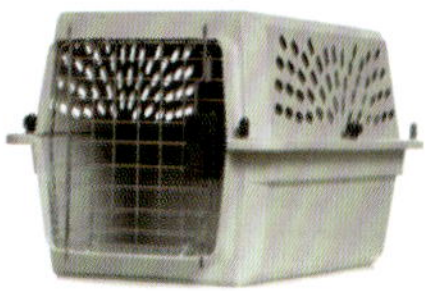

la caisse de transport
die Transportbox

Les animaux de la ferme – Die Bauernhoftiere

le taureau
der Stier

la vache
die Kuh

le pis
das Euter

le veau
das Kalb

la sonnaille
die Kuhglocke

le bétail
das Vieh

le cochon
das Schwein

la truie
die Sau

le porcelet
das Ferkel

le verrat
der Eber

la souris
die Feldmaus

l'âne
der Esel

l'agneau
das Lamm

le mouton
das Schaf

le chevreau
das Zicklein

la chèvre
die Ziege

la crête de coq
der Hahnenkamm
la caroncule
der Kehllappen
le coq
der Hahn

le poulet
das Huhn
la poule
die Henne
le poussin
das Küken

l'oie
die Gans

le dindon
der Truthahn

le canard
die Ente

la crinière
die Mähne
la queue
der Schweif
le fer à cheval
das Hufeisen
galoper
galloppieren
le sabot
der Huf
le cheval
das Pferd

la jument
die Stute
paître
grasen
le poulain
das Fohlen

trotter
traben
l'étalon
der Hengst

le licol
das Halfter
le hongre
der Wallach

LES CHIFFRES ET LES FAITS – DIE ZAHLEN UND DIE FAKTEN

Les nombres cardinaux – Die Kardinalzahlen

1	un	–	eins
2	deux	–	zwei
3	trois	–	drei
4	quatre	–	vier
5	cinq	–	fünf
6	six	–	sechs
7	sept	–	sieben
8	huit	–	acht
9	neuf	–	neun
10	dix	–	zehn
11	onze	–	elf
12	douze	–	zwölf
13	treize	–	dreizehn
14	quatorze	–	vierzehn
15	quinze	–	fünfzehn
16	seize	–	sechzehn
17	dix-sept	–	siebzehn
18	dix-huit	–	achtzehn
19	dix-neuf	–	neunzehn
20	vingt	–	zwanzig
21	vingt et un	–	einundzwanzig
22	vingt-deux	–	zweiundzwanzig
23	vingt-trois	–	dreiundzwanzig
30	trente	–	dreißig
40	quarante	–	vierzig
50	cinquante	–	fünfzig
60	soixante	–	sechzig
70	soixante-dix	–	siebzig
80	quatre-vingt	–	achtzig
90	quatre-vingt-dix	–	neunzig

100	une centaine/cent	–	einhundert
102	cent deux	–	einhundertzwei
200	deux cents	–	zweihundert
253	deux cent cinquante-trois	–	zweihundertdreiundfünfzig
300	trois cents	–	dreihundert
1 000	un millier/mille	–	eintausend
2 000	deux mille	–	zweitausend
3 000	trois mille	–	dreitausend
3 189	trois mille cent quatre-vingt-neuf	–	dreitausendeinhundertneunundachtzig
10 000	dix mille	–	zehntausend
100 000	cent mille	–	einhunderttausend
1 000 000	un million	–	eine Million
1 000 000 000	un milliard	–	eine Milliarde

Les nombres ordinaux – Die Ordnungszahlen

1er	premier	–	1.	erster
2nd	deuxième/second	–	2.	zweiter
3^{e}	troisième	–	3.	dritter
4^{e}	quatrième	–	4.	vierter
5^{e}	cinquième	–	5.	fünfter
6^{e}	sixième	–	6.	sechster
7^{e}	septième	–	7.	siebter
8^{e}	huitième	–	8.	achter
9^{e}	neuvième	–	9.	neunter
10^{e}	dixième	–	10.	zehnter
11^{e}	onzième	–	11.	elfter
12^{e}	douzième	–	12.	zwölfter
13^{e}	treizième	–	13.	dreizehnter
14^{e}	quatorzième	–	14.	vierzehnter
15^{e}	quinzième	–	15.	fünfzehnter
16^{e}	seizième	–	16.	sechzehnter
17^{e}	dix-septième	–	17.	siebzehnter
18^{e}	dix-huitième	–	18.	achtzehnter
19^{e}	dix-neuvième	–	19.	neunzehnter
20^{e}	vingtième	–	20.	zwanzigster

21^{e}	vingt-et-unième	–	21.	einundzwanzigster
22^{e}	vingt-deuxième	–	22.	zweiundzwanzigster
23^{e}	vingt-troisième	–	23.	dreiundzwanzigster
30^{e}	trentième	–	30.	dreißigster
40^{e}	quarantième	–	40.	vierzigster
50^{e}	cinquantième	–	50.	fünfzigster
60^{e}	soixantième	–	60.	sechzigster
70^{e}	soixante-dixième	–	70.	siebzigster
80^{e}	quatre-vingtième	–	80.	achtzigster
90^{e}	quatre-vingt-dixième	–	90.	neunzigster
100^{e}	centième	–	100.	einhundertster
102^{e}	cent deuxième	–	102.	einhundertzweiter
200^{e}	deux centième	–	200.	zweihundertster
253^{e}	deux cent cinquante-troisième	–	253.	zweihundertdreiundfünfzigster
300^{e}	trois centième	–	300.	dreihundertster
1 000^{e}	millième	–	1.000.	eintausendster
2 000^{e}	deux millième	–	2.000.	zweitausendster
3 000^{e}	trois millième	–	3.000.	dreitausendster
3 189^{e}	trois mille cent quatre-vingt-neuvième	–	3.189.	dreitausend-einhundertneunundachtzigster
10 000^{e}	dix millième	–	10.000.	zehntausendster
1 000 000^{e}	millionième	–	1.000.000.	ein millionster
1 000 000 000^{e}	milliardième	–	1.000.000.000.	ein milliardster

Les fractions – Die Brüche

½	un demi	–	ein halb
⅓	un tiers	–	ein Drittel
¼	un quart	–	ein Viertel
⅕	un cinquième	–	ein Fünftel
⅛	un huitième	–	ein Achtel
¾	trois quarts	–	drei Viertel
$^{7}/_{2}$	sept demis	–	sieben Halbe
5 ½	cinq et demi	–	fünfeinhalb
$^{9}/_{15}$	neuf quinzièmes	–	neun Fünfzehntel
$^{34}/_{214}$	trente-quatre deux cent quatorzièmes	–	vierunddreißig Zweihundertvierzehntel

Les douzaines – Die Mengenzahlen

6	une demi-douzaine	–	ein halbes Dutzend
12	une douzaine	–	ein Dutzend
24	deux douzaines	–	zwei Dutzend
144	une petite grosse (douze douzaines)	–	ein Gros / zwölf Dutzend

Les expressions de la fréquence – Die Wiederholungszahlen

une fois	–	einmal
deux fois	–	zweimal
trois fois	–	dreimal
quatre fois	–	viermal
de nombreuses fois, souvent	–	viele Male, vielmals, oft
plusieurs fois	–	mehrmals
parfois	–	manchmal
jamais	–	niemals

simple – einfach

double – doppelt/zweifach

triple – dreifach

quadruple – vierfach

quintuple – fünffach

sextuple – sechsfach

multiple – vielfach

Les dates – Die Jahreszahlen

1936	mille neuf cent trente-six	–	neunzehnhundertsechsunddreißig
1506	mille cinq cent six	–	fünfzehnhundertsechs
1042	mille quarante-deux	–	tausendzweiundvierzig

Les décennies – Die Jahrzehnte

1920	les années vingt	–	20er	die Zwanziger
1950	les années cinquante	–	50er	die Fünfziger
1980	les années quatre-vingt	–	80er	die Achtziger

Les siècles – Die Jahrhunderte

le Ier siècle av. J.-C.	–	das 1. Jahrhundert v. Chr.
le IIIe siècle apr. J.-C.	–	das 3. Jahrhundert n. Chr.
le XVe siècle	–	das 15. Jahrhundert
le XXIe siècle	–	das 21. Jahrhundert
av. J.-C. (avant Jésus-Christ)	–	v. Chr. (vor Christus)
apr. J.-C. (après Jésus-Christ)	–	n. Chr. (nach Christus)

Les mesures et les quantités – Die Maß- und Mengenangaben

la mesure	–	das Maß
la quantité	–	die Menge

Les mesures de longueur, de capacité et de surface – Die Längen-, Raum- und Flächenmaße

Les unités britanniques – Die britischen Maße

le pouce	–	der Zoll	1 pouce = 2,54 cm
le pied	–	der Fuß	1 pied = 30,48 cm
le yard	–	das Yard	1 yard = 91,44 cm
le mile	–	die Meile	1 mile = 1609 km

Le système métrique – Das metrische System

La longueur – Die Länge

le millimètre	–	der Millimeter
le centimètre	–	der Zentimeter
le décimètre	–	der Dezimeter
le mètre	–	der Meter
le décamètre	–	der Dekameter
le kilomètre	–	der Kilometer

La surface – Die Fläche

le millimètre carré	–	der Quadratmillimeter
le centimètre carré	–	der Quadratzentimeter
le décimètre carré	–	der Quadratdezimeter
le mètre carré	–	der Quadratmeter
le kilomètre carré	–	der Quadratkilometer
l'are	–	der Ar
l'acre	–	der Morgen
l'hectare	–	der Hektar

La capacité – Das Fassungsvermögen

le millimètre cube	–	der Kubikmillimeter
le centimètre cube	–	der Kubikzentimeter
le décimètre cube	–	der Kubikdezimeter
le mètre cube	–	der Kubikmeter

À quelle distance est-ce de …? – Wie weit ist es bis …?

C'est près. – Das ist nah.

C'est loin. – Das ist weit.

la distance – die Entfernung

Les mesures des liquides – Die Flüssigkeitsmaße

Les unités britanniques – Die britischen Maße

Les liquides	–	Die Flüssigkeit	
le gille	–	das Viertelpint	1 gille = 0,142 l
la pinte	–	das Pint	1 pinte = 0,568 l
le quart	–	das Quart	1 quart = 1,136 l
le gallon	–	die Gallone	1 gallon = 4,564 l
le barrique	–	das Fass	1 barrique = 159,106 l

Le système métrique – Das metrische System

le millilitre	–	der Milliliter	
le décilitre	–	der Deziliter	
le demi-litre	–	der halbe Liter	
le litre	–	der Liter	
le décalitre	–	der Dekaliter	1 décalitre = 10 l
l'hectolitre	–	der Hektoliter	1 hectolitre = 100 l

Quelle longueur cela fait-il ? – Wie lang ist das?

C'est long. – Das ist lang.

C'est court. – Das ist kurz.

C'est petit. – Das ist klein.

C'est gros. – Das ist groß.

Les poids – Die Gewichte

le poids	–	das Gewicht
peser	–	wiegen
estimer	–	schätzen
Combien cela pèse-t-il ?	–	Wie viel wiegt das?
C'est lourd.	–	Das ist schwer.
C'est léger.	–	Das ist leicht.
l'échelle	–	der Maßstab, die Skala
la balance	–	die Waage

Les unités britanniques – Die britischen Maße

le grain	–	das Gran	1 grain	=	0,065	g
le livre	–	das Pfund	1 livre	=	453,59	g
le stone	–	das Stone	1 stone	=	6,348	kg
le quarter	–	das Viertel	1 quarter	=	12,701	kg
la tonne britannique	–	die Tonne	1 tonne britannique	=	1016	kg

Le système métrique – Das metrische System

le milligramme	–	das Milligramm
le centigramme	–	das Zentigramm
le décigramme	–	das Dezigramm
le gramme	–	das Gramm
le décagramme	–	das Dekagramm
l'hectogramme	–	das Hektogramm
le kilogramme	–	das Kilogramm

Le temps – Die Uhrzeit

le montre-bracelet
die Armbanduhr

la molette de réglage
die Krone

le boîtier
das Uhrengehäuse

le bracelet
das Uhrenarmband

la montre de gousset
die Taschenuhr

la chaînette
die Uhrenkette

remettre à l'heure – umstellen

retarder – nachgehen

passer vite – vorgehen

le/les temps – die Uhrzeit(-en)

sept heures et quart
viertel nach sieben

midi moins le quart
viertel vor zwölf

deux heures et demi
halb drei

huit heures vingt-cinq
fünf vor halb neun

trois heures moins vingt-cinq
fünf nach halb drei

midi
zwölf Uhr mittags

minuit
Mitternacht

deux heures
zwei Uhr

cinq heures du matin
5 Uhr morgens

cinq heures du soir
5 Uhr abends

le jour
der Tag

la nuit
die Nacht

a.m. (ante meridiem)

a.m. signifie que c'est le matin depuis minuit jusqu'à midi. –
a.m. umfasst die Zeitspanne von Mitternacht bis 12 Uhr mittags.

p.m. (post meridiem)

p.m. signifie que c'est l'après-midi depuis midi jusqu'à minuit. –
p.m. umfasst die Zeitspanne von 12 Uhr mittags bis Mitternacht.

le fuseau horaire – die Zeitzone

l'heure – die Stunde

la demi-heure – die halbe Stunde

le quart d'heure – die Viertelstunde

la minute – die Minute

la seconde – die Sekunde

Quelle heure est-il ? – Wie spät ist es?

Il est cinq heures. – Es ist fünf Uhr.

Tu es en retard. – Du bist zu spät.

Vous êtes en avance. – Sie sind zu früh.

Soyez en avance, s'il vous plaît. –
Seid bitte bald hier.

Elle est à l'heure. – Sie ist pünktlich.

Combien de temps cela va-t-il durer ? –
Wie lange dauert es?

Le spectacle commence à huit heures. – Die Show beginnt um 8 Uhr.

Le bar ouvre à midi. – Der Pub macht um 12 Uhr mittags auf.

Soyez là à dix-sept heures au plus tard, s'il vous plaît. – Bitte seid spätestens um 17 Uhr hier.

le jour férié – der (gesetzliche) Feiertag

les heures d'ouverture – die Öffnungszeiten

ouvert de … à … – geöffnet von … bis …

Nous servons de la bière jusqu'à minuit. – Wir servieren Bier bis Mitternacht.

Nous sommes fermés entre deux et trois heures. – Wir haben zwischen 2 und 3 Uhr geschlossen.

fermé le dimanche – Sonntag Ruhetag

Le calendrier – Der Kalender

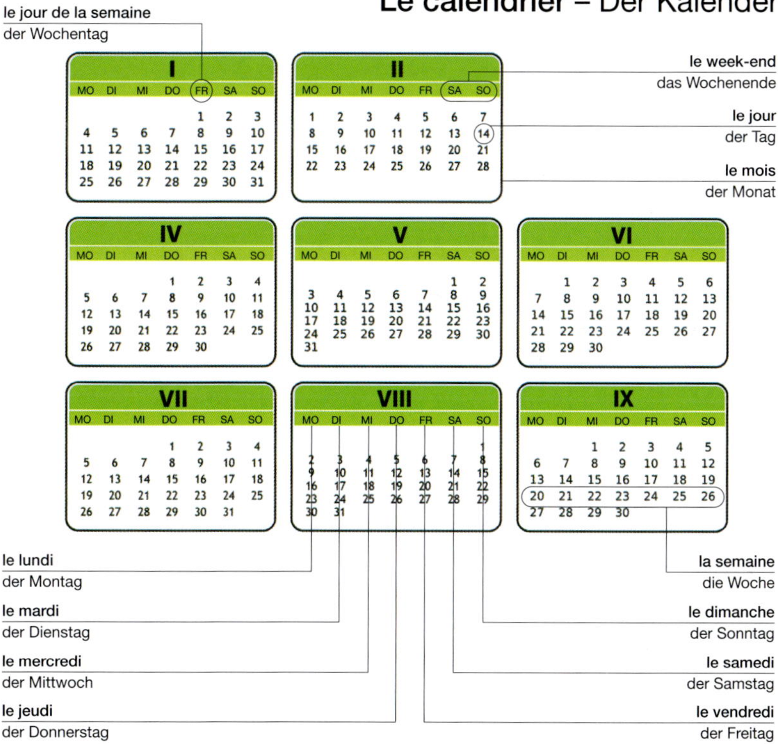

aujourd'hui – heute

demain – morgen

après-demain – übermorgen

le quart d'heure – die Viertelstunde

hier – gestern

avant-hier – vorgestern

cette semaine – diese Woche

le mois prochain – nächsten Monat

l'année dernière – letztes Jahr

toutes les heures – stündlich

tous les jours – täglich

toutes les semaines – wöchentlich

tous les mois – monatlich

tous les ans – jährlich

l'après-midi – der Nachmittag

le soir – der Abend

hier – gestern

la nuit – die Nacht

le minuit – Mitternacht

l'année – das Jahr

la décennie – das Jahrzehnt

le siècle – das Jahrhundert

le millénaire – das Jahrtausend

Les mois – Die Monate

A — I

MO	DI	MI	DO	FR	SA	SO
				1	2	3
4	5	6	7	8	9	10
11	12	13	14	15	16	17
18	19	20	21	22	23	24
25	26	27	28	29	30	31

B — II

MO	DI	MI	DO	FR	SA	SO
1	2	3	4	5	6	7
8	9	10	11	12	13	14
15	16	17	18	19	20	21
22	23	24	25	26	27	28

C — III

MO	DI	MI	DO	FR	SA	SO
1	2	3	4	5	6	7
8	9	10	11	12	13	14
15	16	17	18	19	20	21
22	23	24	25	26	27	28
29	30	31				

D — IV

MO	DI	MI	DO	FR	SA	SO
			1	2	3	4
5	6	7	8	9	10	11
12	13	14	15	16	17	18
19	20	21	22	23	24	25
26	27	28	29	30		

E — V

MO	DI	MI	DO	FR	SA	SO
					1	2
3	4	5	6	7	8	9
10	11	12	13	14	15	16
17	18	19	20	21	22	23
24	25	26	27	28	29	30
31						

F — VI

MO	DI	MI	DO	FR	SA	SO
	1	2	3	4	5	6
7	8	9	10	11	12	13
14	15	16	17	18	19	20
21	22	23	24	25	26	27
28	29	30				

A le janvier – der Januar
B le février – der Februar
C le mars – der März
D l'avril – der April
E le mai – der Mai
F le juin – der Juni

G – VII

MO	DI	MI	DO	FR	SA	SO
			1	2	3	4
5	6	7	8	9	10	11
12	13	14	15	16	17	18
19	20	21	22	23	24	25
26	27	28	29	30	31	

H – VIII

MO	DI	MI	DO	FR	SA	SO
						1
2	3	4	5	6	7	8
9	10	11	12	13	14	15
16	17	18	19	20	21	22
23	24	25	26	27	28	29
30	31					

I – IX

MO	DI	MI	DO	FR	SA	SO
		1	2	3	4	5
6	7	8	9	10	11	12
13	14	15	16	17	18	19
20	21	22	23	24	25	26
27	28	29	30			

J – X

MO	DI	MI	DO	FR	SA	SO
				1	2	3
4	5	6	7	8	9	10
11	12	13	14	15	16	17
18	19	20	21	22	23	24
25	26	27	28	29	30	31

K – XI

MO	DI	MI	DO	FR	SA	SO
1	2	3	4	5	6	7
8	9	10	11	12	13	14
15	16	17	18	19	20	21
22	23	24	25	26	27	28
29	30					

L – XII

MO	DI	MI	DO	FR	SA	SO
		1	2	3	4	5
6	7	8	9	10	11	12
13	14	15	16	17	18	19
20	21	22	23	24	25	26
27	28	29	30	31		

G **le juillet** – der Juli
H **l'août** – der August
I **le septembre** – der September
J **l'octobre** – der Oktober
K **le novembre** – der November
L **le décembre** – der Dezember

le vingt et un mai mille neuf cent soixante-dix-huit
21 mai 1978
einundzwanzigster Mai neunzehnhundertachtundsiebzig
21. Mai 1978

le sept mars
7 mars
siebter März
7. März

l'onze janvier
11 janvier
elfter Januar
11. Januar

le six juin mille neuf cent soixante-quatorze
6 juin 1974
sechster Juni neunzehnhundertvierundsiebzig
6. Juni 1974

mercredi deux mars
Mittwoch, der zweite März

vendredi vingt-deux janvier deux mille cinq
22 janvier 2005
am Freitag, den zweiundzwanzigsten Januar zweitausendfünf
22. Januar 2005

Quel jour sommes-nous ? – Was für ein Tag ist heute?

Quel jour de la semaine sommes-nous ? – Welcher Wochentag ist heute?

Quelle est la date d'aujourd'hui ? – Der wievielte ist heute?

Quand est ton anniversaire ? – Wann ist dein Geburtstag?

Les saisons – Die Jahreszeiten

le printemps
der Frühling

l'été
der Sommer

l'automne
der Herbst

l'hiver
der winter

La temperature – Die Temperatur

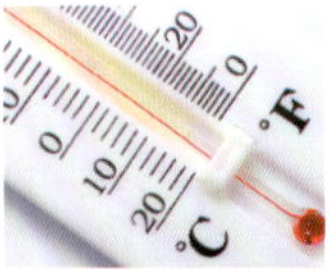

le thermomètre
das Thermometer

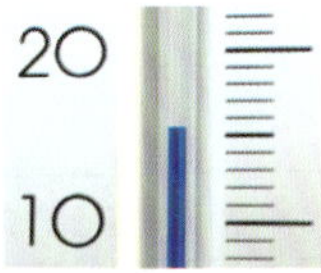

la température
die Temperatur

Celsius
Celsius

Fahrenheit
Fahrenheit

La météo – Das Wetter

ensoleillé
sonnig

nuageux
wolkig

brumeux
neblig

venteux
windig

orageux
stürmisch

pluvieux
regnerisch

froid
kalt

tempéré
warm

chaud
heiß

couvert
bedeckt

dans le brouillard
versmogt

neigeux
verschneit

glacé
vereist

la prévision météorologique
der Wetterbericht/die Wettervorhersage

le soleil – der Sonnenschein

la pluie – der Regen

l'orage – das Gewitter

l'éclair – der Blitz

le coup de vent – der Sturm

la brise – die Brise

le vent – der Wind

la vitesse du vent – die Windgeschwindigkeit

l'avis de tempête – die Sturmwarnung

la grêle – der Hagel

la neige – der Schnee

la chaleur – die Hitze

la sécheresse – die Dürre

moite – schwül

humide – feucht

tempéré – gemäßigt

LA TERRE ET LA GÉOGRAPHIE – DIE ERDE UND DIE GEOGRAFIE

La terre – Die Erde

Les continents et les océans – Die Kontinente und die Meere

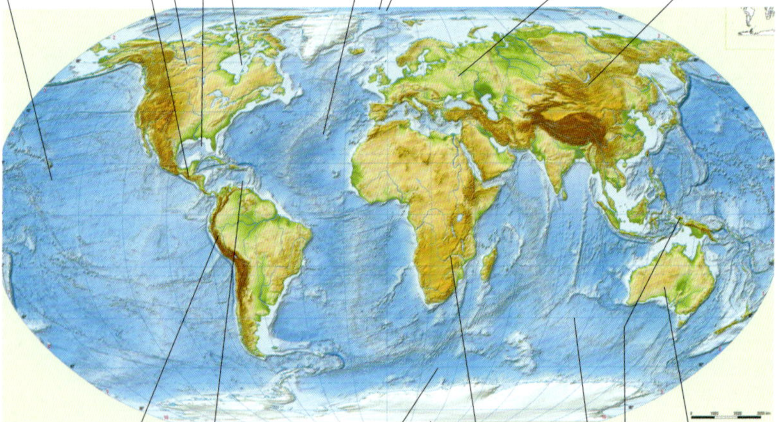

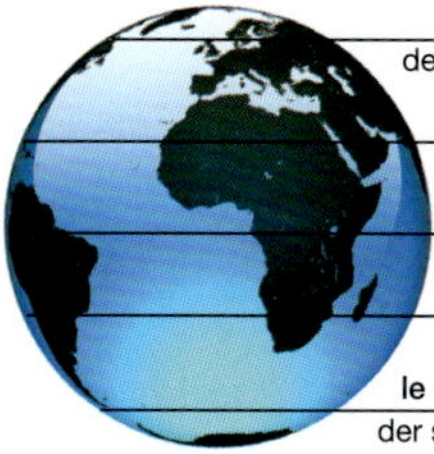
le cercle arctique
der nördliche Polarkreis
le tropique du Cancer
der nördliche Wendekreis
l'Équateur
der Äquator
le tropique du Capricorne
der südliche Wendekreis
le cercle antarctique
der südliche Polarkreis

le pôle Nord
der Nordpol
le pôle Sud
der Südpol

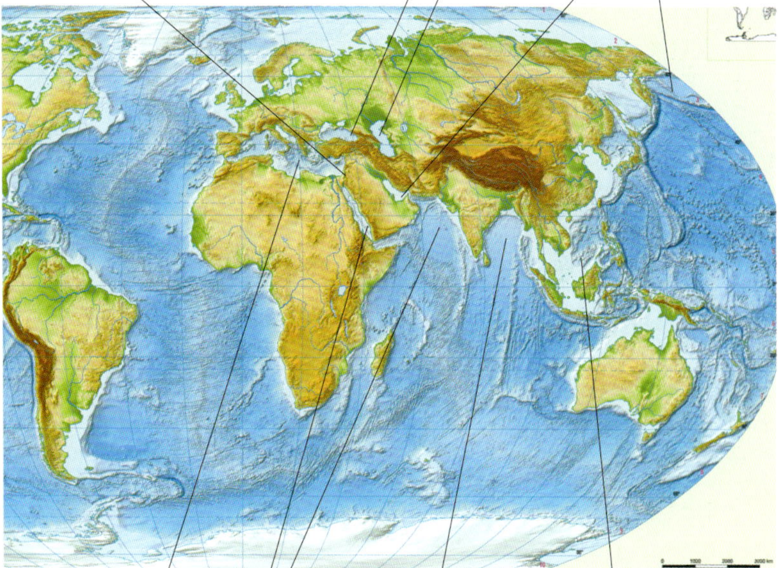
la mer Noire
Schwarzes Meer
le golfe Persique
Persischer Golf
la mer Morte
Totes Meer
la mer Caspienne
Kaspisches Meer
la mer de Béring
Beringmeer
la mer Méditerranée
das Mittelmeer
la mer Rouge
Rotes Meer
la mer d'Arabie
Arabisches Meer
le golfe du Bengale
der Golf von Bengalen
la mer de Chine méridionale
Südchinesisches Meer

Les fleuves et les chaînes de montagnes – Die Flüsse und die Gebirge

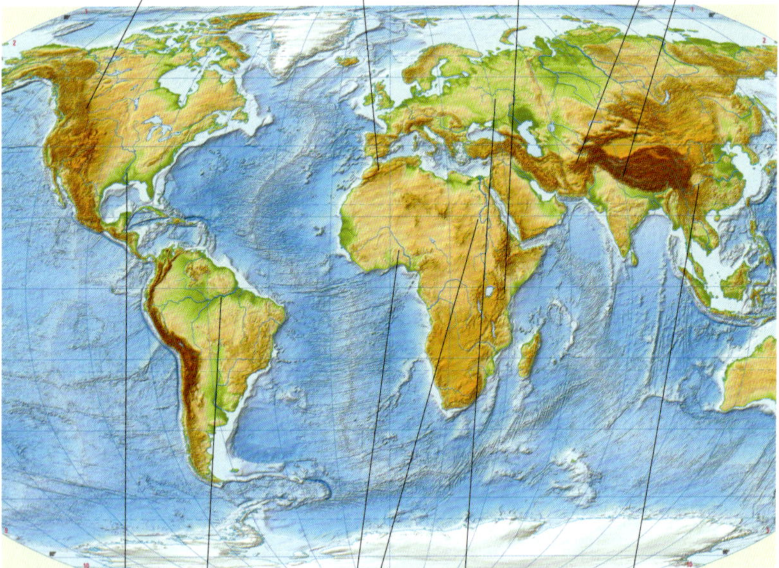

Lieux divers – Verschiedene Orte

les Grands Lacs
die Großen Seen

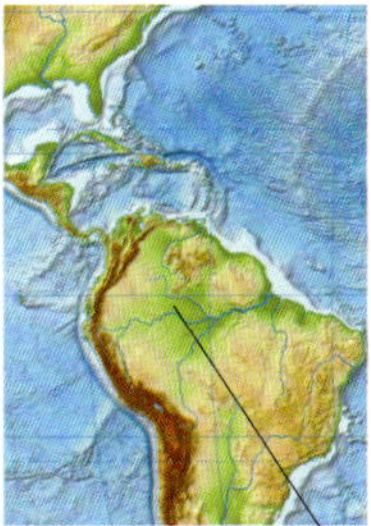

la forêt équatoriale
der tropische Regenwald

le détroit de Magellan
die Magellanstraße

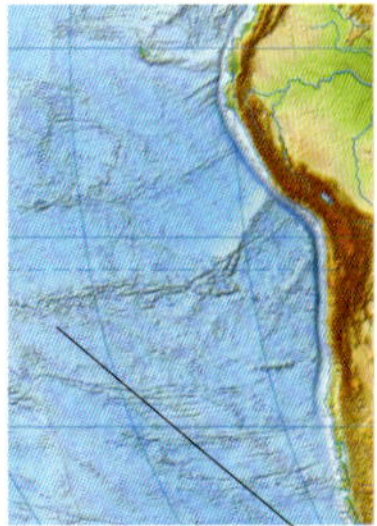

l'île de Pâques
die Osterinsel

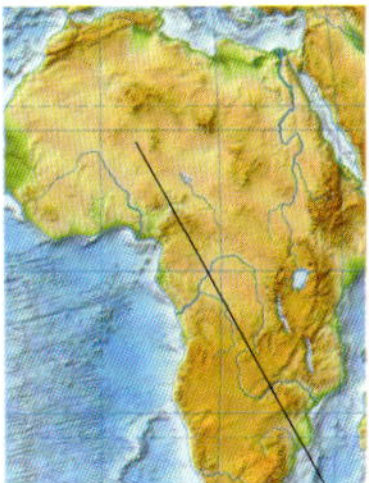

le désert du Sahara
die Sahara

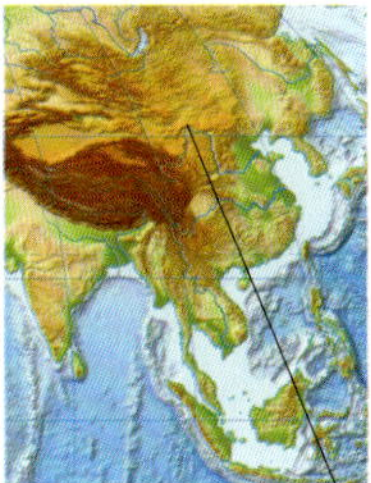

le désert de Gobi
die Wüste Gobi

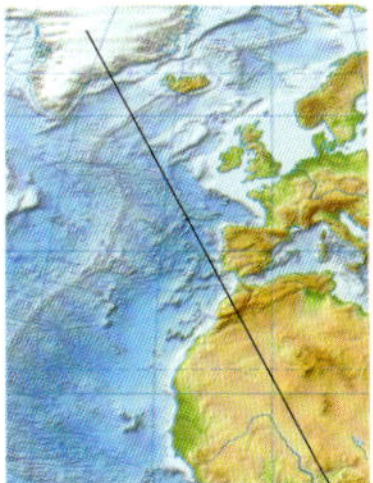

Groënland
Grönland

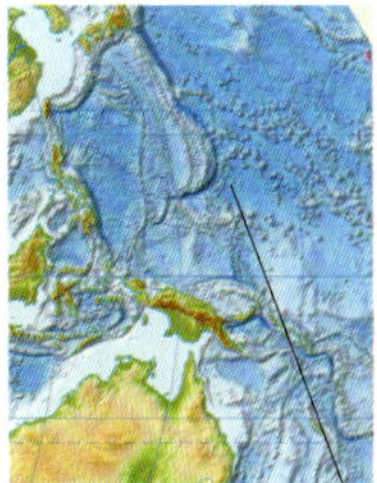

la fosse des Mariannes
der Marianengraben

le cap de Bonne-Espérance
Das Kap der Guten Hoffnung

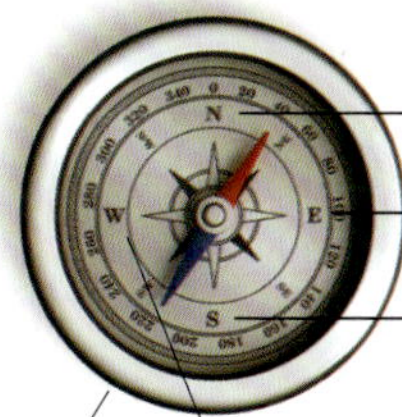

la boussole
der Kompass

le nord
der Norden

l'est
der Osten

le sud
der Süden

l'ouest
der Westen

Les pays du monde – Die Länder der Welt

Amérique du Nord – Nordamerika

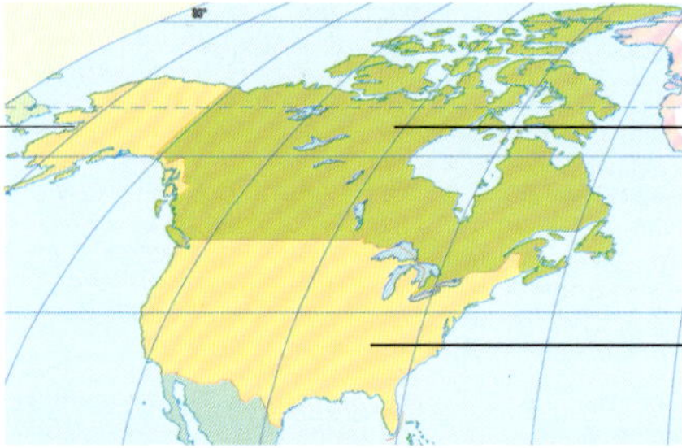

Amérique centrale – Mittelamerika

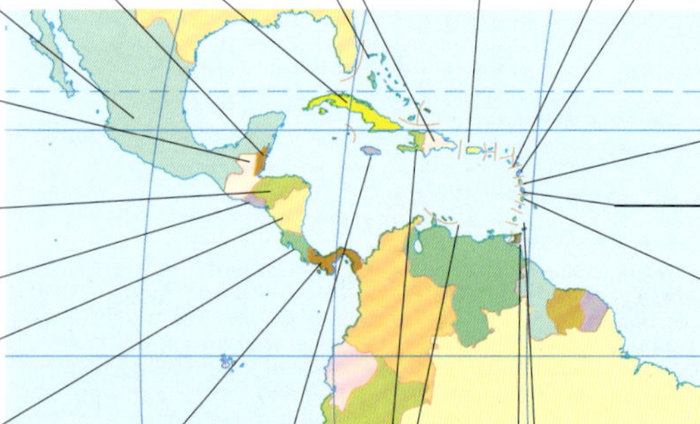

Amérique du Sud – Südamerika

le Venezuela
Venezuela

la Colombie
Kolumbien

l'Équateur
Ecuador

le Pérou
Peru

le Chili
Chile

le Suriname
Suriname

la Guyane
Französisch-Guayana

la Guyana
Guyana

le Brésil
Brasilien

la Bolivie
Bolivien

le Paraguay
Paraguay

l'Uruguay
Uruguay

l'Argentine
Argentinien

Torres del Paine, Patagonie, Chili
Torres del Paine, Patagonien, Chile

les chutes d'Iguazú
die Iguazu-Wasserfälle

Afrique – Afrika

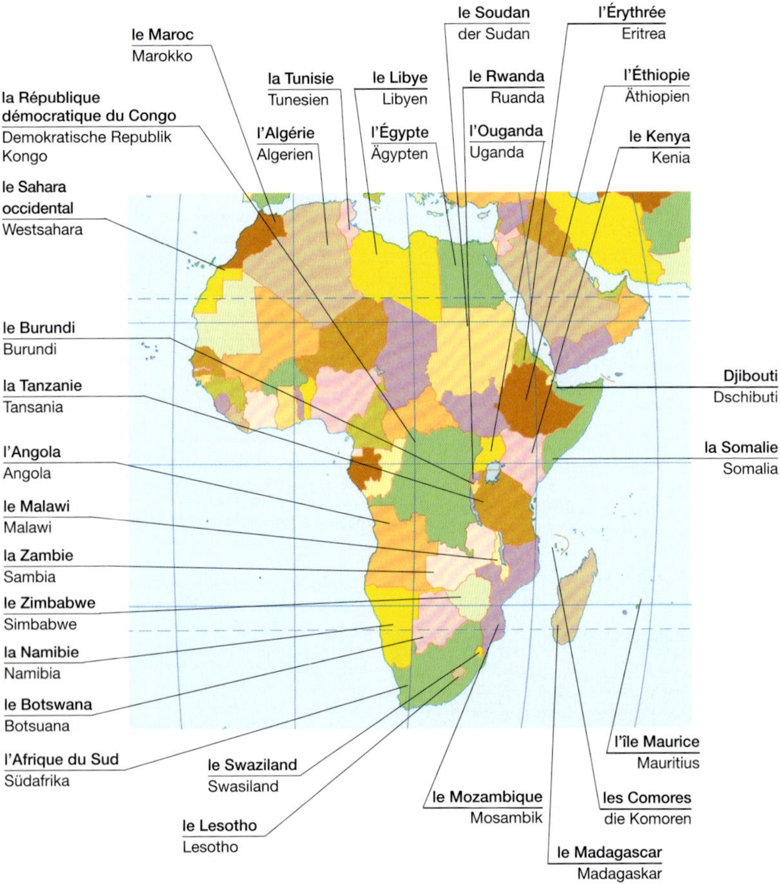

Afrique – Afrika

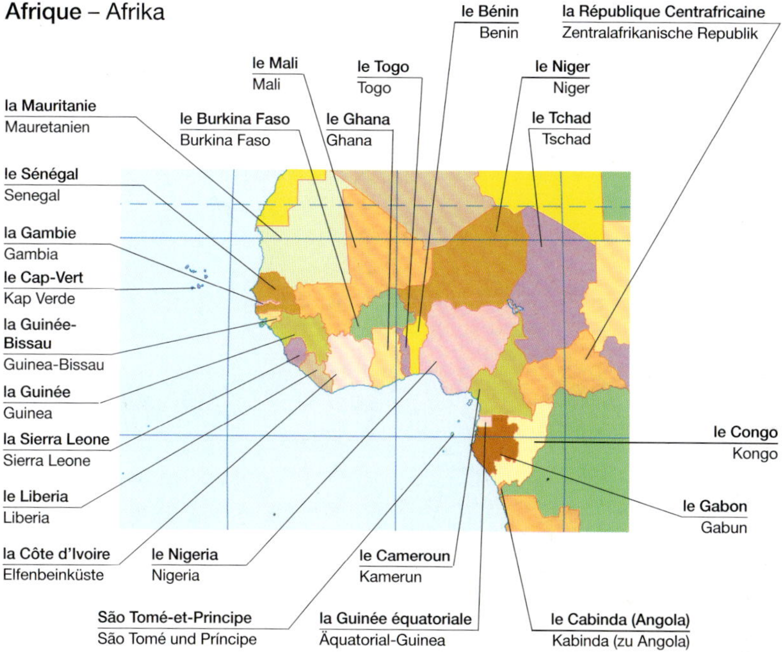

une horde de zèbres
eine Zebraherde

les pyramides et le sphinx
die Pyramide und die Sphinx

Asie – Asien

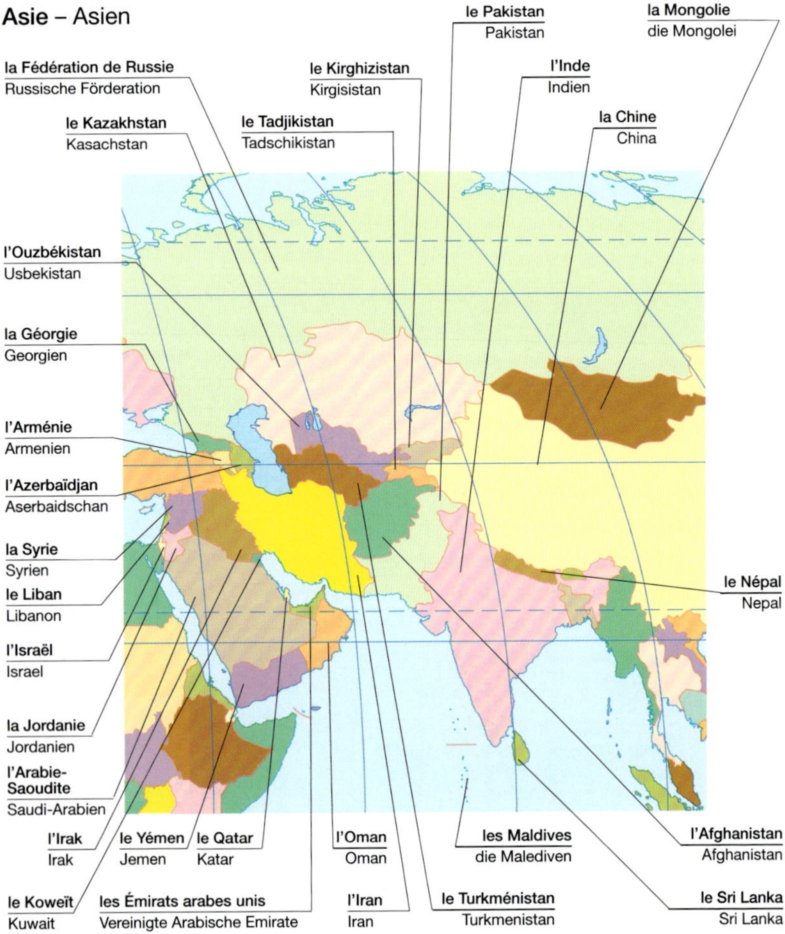
le Pakistan
Pakistan
la Mongolie
die Mongolei
la Fédération de Russie
Russische Förderation
le Kirghizistan
Kirgisistan
l'Inde
Indien
le Kazakhstan
Kasachstan
le Tadjikistan
Tadschikistan
la Chine
China
l'Ouzbékistan
Usbekistan
la Géorgie
Georgien
l'Arménie
Armenien
l'Azerbaïdjan
Aserbaidschan
la Syrie
Syrien
le Liban
Libanon
le Népal
Nepal
l'Israël
Israel
la Jordanie
Jordanien
l'Arabie-Saoudite
Saudi-Arabien
l'Irak
Irak
le Yémen
Jemen
le Qatar
Katar
l'Oman
Oman
les Maldives
die Malediven
l'Afghanistan
Afghanistan
le Koweït
Kuwait
les Émirats arabes unis
Vereinigte Arabische Emirate
l'Iran
Iran
le Turkménistan
Turkmenistan
le Sri Lanka
Sri Lanka

Asie – Asien

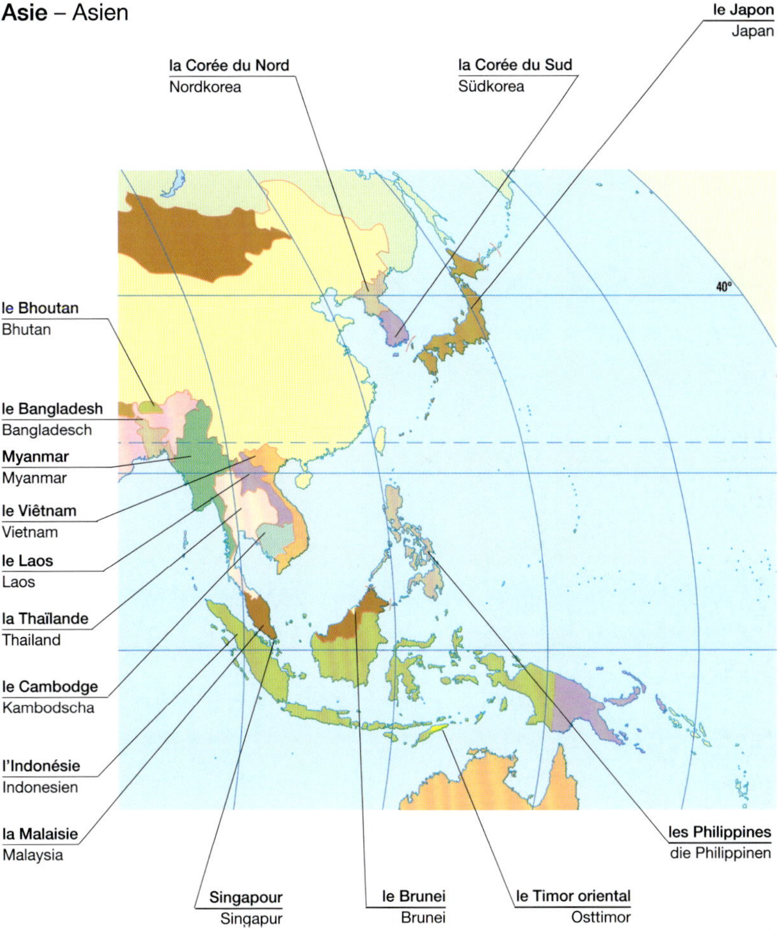
le Japon
Japan
la Corée du Nord
Nordkorea
la Corée du Sud
Südkorea
40°
le Bhoutan
Bhutan
le Bangladesh
Bangladesch
Myanmar
Myanmar
le Viêtnam
Vietnam
le Laos
Laos
la Thaïlande
Thailand
le Cambodge
Kambodscha
l'Indonésie
Indonesien
la Malaisie
Malaysia
les Philippines
die Philippinen
Singapour
Singapur
le Brunei
Brunei
le Timor oriental
Osttimor

Australie, Océanie – Australien, Ozeanien

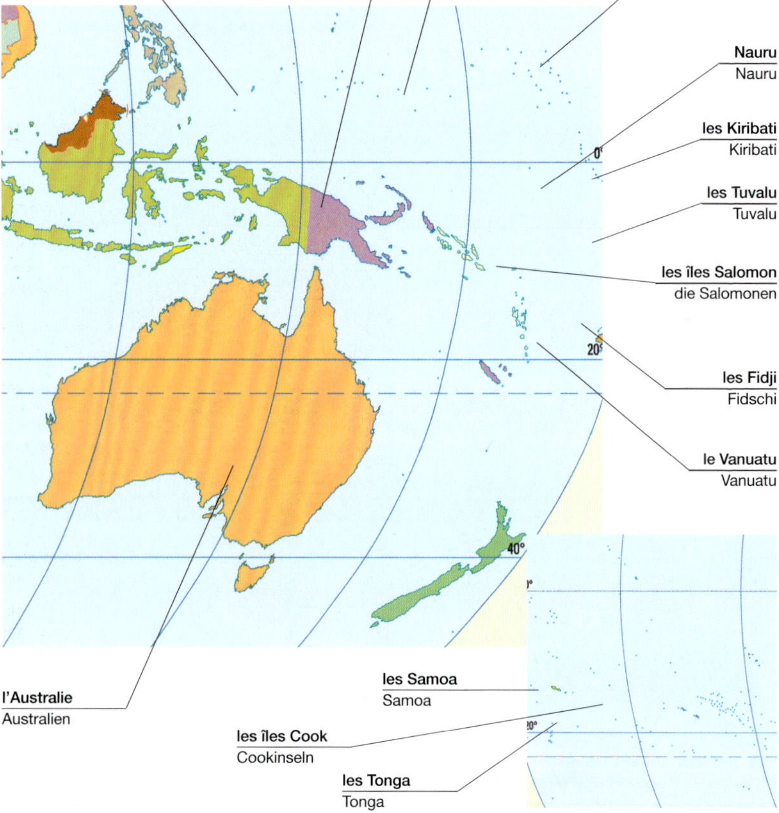

Europe – Europa

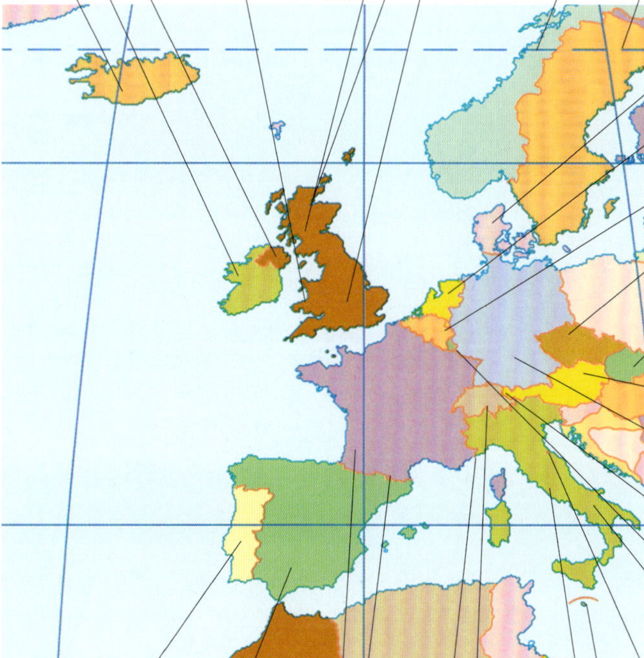

Europe – Europa

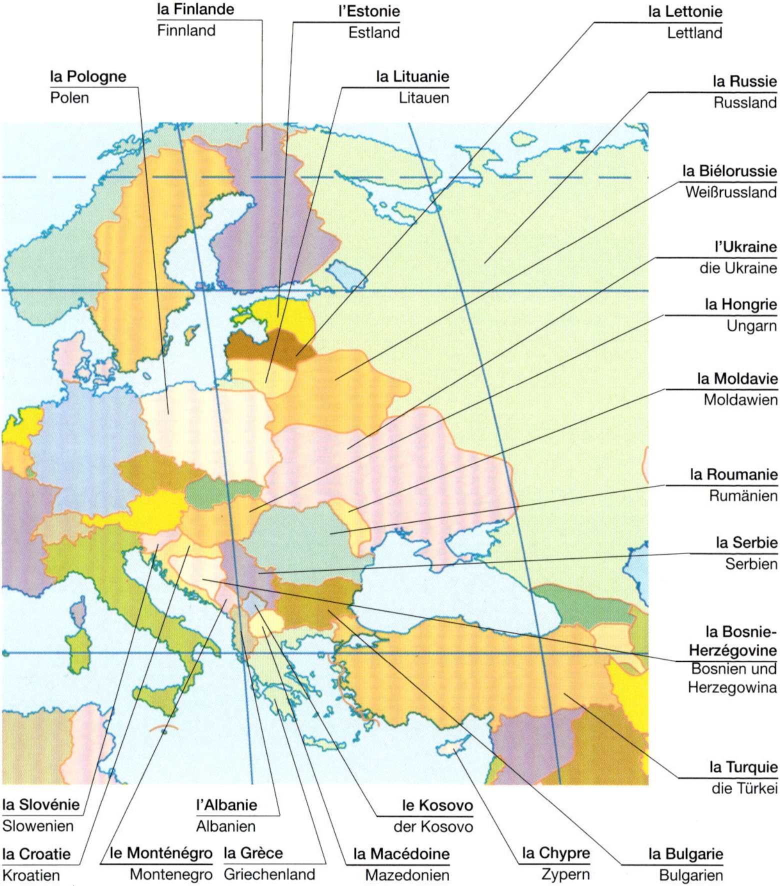

Europe – Europa **Les fleuves, les océans et les montagnes** – die Flüsse, die Meere und die Gebirge

Les catastrophes naturelles – Die Naturkatastrophen

le tremblement de terre
das Erdbeben

l'éruption volcanique
der Vulkanausbruch

le tsunami
der Tsunami

le glissement de terrain
der Erdrutsch

l'inondation
die Überschwemmung

la sécheresse
die Dürre

la tempête
der Sturm

le tornade
der Tornado

l'ouragan
der Hurrikan

l'incendie de forêt
der Waldbrand

l'impact de météorite
der Meteoriteneinschlag

El Niño
El Niño

l'onde de tempête
die Sturmflut

Les planètes – Die Planeten

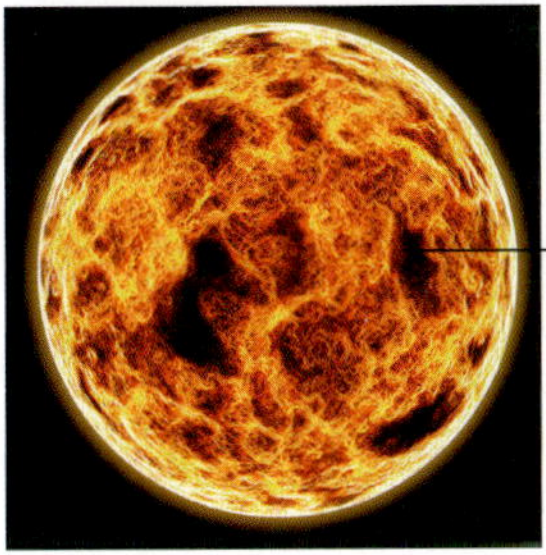

Autres phénomènes célestes – Weitere Himmelserscheinungen

la Voie lactée
die Milchstraße

la constellation
das Sternbild

l'étoile polaire
der Polarstern

la Petite Ourse
Kleiner Wagen/Kleiner Bär

le Grande Ourse
Großer Wagen/Großer Bär

le Croix du Sud
das Kreuz des Südens

Cassiopée
Kassiopeia

la couronne solaire
die Korona

l'éclipse solaire
die Sonnenfinsternis

l'éclipse lunaire
die Mondfinsternis

la pleine lune
der Vollmond

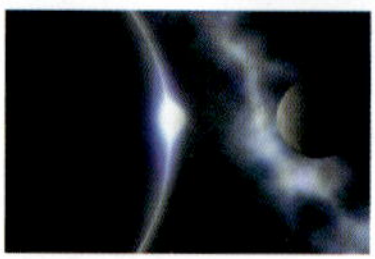

la nouvelle lune
der Neumond

le croissant de lune
der Halbmond

le lever de soleil
der Sonnenaufgang

le coucher de soleil
der Sonnenuntergang

le crépuscule
die Abenddämmerung

l'aube
die Morgendämmerung

l'atmosphère
die Atmosphäre

l'étoile filante
die Sternschnuppe

le météore
der Meteor

le météorite
der Meteorit

l'aurore boréale
das Polarlicht

la queue
der Schweif

la comète
der Komet

Les signes astrologiques – Die Tierkreiszeichen

le Bélier
der Widder

le Taureau
der Stier

les Gémeaux
die Zwillinge

le Cancer
der Krebs

le Lion
der Löwe

la Vierge
die Jungfrau

la Balance
die Waage

le Scorpion
der Skorpion

le Sagittaire
der Schütze

le Capricorne
der Steinbock

le Verseau
der Wassermann

le Poisson
die Fische

Sur la carte – Auf der Karte

l'échelle – der Maßstab
l'altitude – die Höhe
la profondeur des océans – die Meerestiefe
la frontière – die Grenze
politique – politisch
naturelle – physisch

le continent – der Kontinent
la légende – die Legende
les points cardinaux – die Himmelsrichtungen
les océans – die Meere
les grands courants – die großen Flüsse
les montagnes – die Gebirge

L'état et l'administration – Der Staat und die Verwaltung

la république – Republik
la démocratie – Demokratie
la république parlementaire – Parlamentarische Republik
la dictature – Diktatur
la monarchie – Monarchie
la monarchie constitutionnelle – konstitutionelle Monarchie
le duché – Herzogtum
la principauté – Fürstentum
le comté – Grafschaft
la république populaire – Volksrepublik
la république fédérale – Bundesrepublik
l'État – der Staat
la nation – die Nation
le pays – das Land

la capitale – die Hauptstadt
la ville – die Stadt
la métropole – die Metropole
l'agglomération – der Ballungsraum
la commune – die Kommune
la région – die Region
la petite ville – die Kleinstadt
le village – das Dorf
la province – die Provinz
le district – der Bezirk
la zone – die Zone
le territoire – das Territorium
la colonie – die Kolonie
le citoyen – der Bürger
la population – die Bevölkerung

La politique et la société – Die Politik und die Gesellschaft

l'économie – die Wirtschaft
la crise – die Krise

la guerre – der Krieg
la paix – der Frieden

l'homme politique – der Politiker
le dictateur – der Diktator
le chancelier – der Kanzler
le président – der Präsident
le ministre – der Minister
le parti – die Partei
les élections – die Wahlen
le droit de vote – das Wahlrecht
la campagne électorale – der Wahlkampf
l'affiche électorale– das Wahlplakat
l'électeur – der Wähler
le candidat – der Kandidat
l'urne électorale – die Wahlurne
les pronostics électoraux– die Wahlprognose

l'intégration – die Integration
l'immigrant – der Einwanderer
immigrer – einwandern
l'émigrant – der Auswanderer
émigrer – auswandern
le parlement – das Parlament
la retraite – die Rente
l'impôt – die Steuer
la loi – das Gesetz
promulguer une loi – ein Gesetz erlassen
la constitution – die Verfassung
les droits de l'Homme – die Menschenrechte
la protection des données – der Datenschutz
la citoyenneté – die Staatsbürgerschaft

La religion – Die Religion

La confession – Die Glaubensrichtung

le christianisme – das Christentum
le chrétien – der Christ
le protestantisme – der Protestantismus
le protestant – der Protestant
cle atholicisme – der Katholizismus
le catholique – der Katholik
la Bible – die Bibel
le judaïsme – das Judentum
le juif (nom.) – der Jude
juif (adj.) – jüdisch

la Thora – die Thora
kascher – koscher
la circoncision – die Beschneidung
l'islam – der Islam
le musulman – der Moslem
islamique – islamisch
le Coran – der Koran
le prophète – der Prophet
le bouddhisme – der Buddhismus

le bouddhiste – der Buddhist
bouddhiste – buddhistisch
l'hindouisme – der Hinduismu

l'hindouiste – der Hindu
hindouiste – hinduistisch
œcuménique – ökumenisch

La foi – Die Glaubensvorstellung

Dieu – Gott
Yahvé – Jahwe
Allah – Allah
croire en – glauben an
la foi – der Glaube
le ciel – der Himmel

l'enfer – die Hölle
l'ange – der Engel
le purgatoire – das Fegefeuer
le Paradis – das Paradies
le Jugement dernier – das Jüngste Gericht
le jour du Jugement dernier – der Jüngste Tag

la secte – die Sekte
païen – heidnisch
l'offrande – die Opfergabe

la divinité – die Gottheit
la divinité de la nature – die Naturgottheit
l'idole – das Götzenbild

À l'église – Der Gottesdienst

la messe – die Messe
la paroisse – die Gemeinde
le vicaire – der Pfarrer (anglikanisch)
le pasteur – der Pastor
le prêtre – der Priester
la prière – das Gebet
prier – beten
la Cène – das Abendmahl
la quête – die Kollekte

la bénédiction – der Segen
bénir quelqu'un/quelque chose – jemanden/etwas segnen
se confesser – beichten
la communion – die Kommunion
la confirmation – die Konfirmation
le pape – der Papst

La Bible – Die Bibel

les Saintes Écritures – die Heilige Schrift
l'Ancien Testament – das Alte Testament
le Nouveau Testament – das Neue Testament
sacré – heilig
divin – göttlich
saint – der Heilige

canoniser – heiligsprechen
béatifier – seligsprechen
le Saint-Esprit – der Heilige Geist
la Sainte Vierge – die Heilige Jungfrau
la Sainte Trinité – die Heilige Dreifaltigkeit

Le sanctuaire – Der Kirchenraum

l'autel – der Altar
la chaire – die Kanzel
le banc d'église – die Kirchenbank

le confessionnal – der Beichtstuhl
les fonts baptismaux – das Taufbecken

Le monastère – Das Kloster

l'abbé – der Abt
l'abbesse – die Äbtissin
le/la novice – der Novize, die Novizin
le mendiant – der Bettelmönch

l'ordre monastique – der Mönchsorden
les vœux – das Gelübde
le jardin du cloître – der Klostergarten

le moine
der Mönch

l'abbaye
die Abtei

la nonne
die Nonne

AUTRES EXPRESSIONS ET IDIOMES – WEITERE AUSDRÜCKE UND REDEWENDUNGEN

Faire connaissance – Einander kennenlernen

bonjour – hallo/guten Tag

bonjour (le matin) – guten Morgen

bonjour (l'après-midi) – guten Tag

bonsoir – guten Abend

bonne nuit – gute Nacht

au revoir – auf Wiedersehen

au revoir, salut – tschüss

À plus tard. – Bis bald! Man sieht sich!

Bonne journée. – Einen schönen Tag noch.

bienvenue – willkommen

bienvenue à nouveau – Schön, dass Sie wieder da sind.

Nous sommes heureux de vous/te recevoir. – Schön, dass ihr bei uns seid/du bei uns bist.

C'est un plaisir de vous/te voir. – Es ist wundervoll, dich/euch zu sehen.

Comment vous appelez-vous/t'appelles-tu ? – Wie heißen Sie/heißt du?

Quel est son nom ? – Wie heißt er/sie?

Je m'appelle ... – Ich heiße ...

Je m'appelle Pierre Corneille. – Ich bin Pierre Corneille.

Comment allez-vous/vas-tu ? – Wie geht es Ihnen/dir?

Comment va-t-il/elle ? – Wie geht es ihm/ihr?

Je vais bien, merci. – Danke, mir geht es gut.

Bien merci. – Danke, gut.

Vous sentez-vous/te sens-tu bien ? – Geht es Ihnen/dir gut?

Je suis fatigué(e)/j'ai faim/j'ai soif/je suis épuisé(e)/je suis heureux(se). –

Ich bin müde/hungrig/durstig/erschöpft/glücklich.

Puis-je vous/te présenter ... ? – Darf ich Ihnen/dir ... vorstellen?

J'aimerais que vous rencontriez/tu rencontres ... – Ich möchte, dass Sie/du ... kennenlernst/kennenlernen.

Voici ... – Das ist ...

Ravi(e) de vous/te rencontrer./Enchanté(e). – Schön, Sie/dich kennenzulernen./Freut mich./Angenehm.

Comment allez-vous/vas-tu ? – Freut mich, Sie/dich kennenzulernen.

(als formale Antwort nach dem Vorstellen)

D'où êtes-vous/es-tu originaire ? – Wo kommen Sie/kommst du her?

Je viens de ... – Ich bin aus ...

Nous venons de ... – Wir sind aus ...

Que faites-vous/fais-tu dans la vie ? – Was machen Sie/machst du beruflich?

Je suis ... – Ich bin ...

Je suis toujours étudiant. – Ich studiere noch.

Je vais encore à l'école. – Ich gehe noch zur Schule.

Je suis au chômage. – Ich bin arbeitslos.

Où vivez-vous/vis-tu ? – Wo leben Sie/lebst du?

Je vis à ... – Ich lebe in ...

Nous vivons à ... – Wir leben in ...

Petits mots – Kleine Wörter

Mots courants – Allgemeine Wörter

oui – ja

non – nein

peut-être – vielleicht

bien sûr – natürlich

s'il te plaît/s'il vous plaît – bitte (wenn man um etwas bittet)

merci – danke schön/danke

de rien, avec plaisir – bitte sehr/bitte schön/bitte (wenn man jemandem etwas gibt)

d'accord – okay

C'est très bien. – In Ordnung.

Expression du temps – Zeitliche Angaben

encore – wieder

il y a – vor

après – danach

avant – vorher

plus tard/ensuite/tout à l'heure – später

jamais – niemals, nie

jamais/toujours/déjà – jemals

toute la journée – den ganzen Tag

d'abord/au début – zuerst

puis/alors/ensuite – dann, damals

déjà – schon

maintenant – jetzt

depuis – seit

pendant – während

jusqu'à maintenant – bis jetzt

le (+ date) – am (bei Zeitangaben)

enfin/finalement – endlich, schließlich

encore/toujours – (immer) noch

Expression de l'espace – Räumliche Angaben

en travers de/vers – (quer) durch/herüber

autour – umher

le long de/sur/dans – entlang

en arrière/vers l'arrière – rückwärts

en avant/vers l'avant – vorwärts

à côté de/le long de – hier: vorbei

en bas/vers le bas – herunter/unten

de/à partir de/depuis – von

ici – hier

où – wo, woher

sur/vers – nach

dehors – heraus/draußen

sur – auf

dans – in

en haut/au-dessus de – auf/hinauf

dessous/sous – unter/hinunter

en dessous/au-dessous/plus bas/en bas – unterhalb

devant – vor

dans, à, au, sur – in, auf, am

Il est assis dans le salon – Er sitzt im Wohnzimmer.

Elle lit un article dans le journal. – Sie las den Artikel in der Zeitung.

Je travaille à Amsterdam. – Ich arbeite in Amsterdam.

Je monte dans le train. – Ich steige in den Zug ein.

La table est au centre de la pièce. – Der Tisch ist in der Mitte des Zimmers.

Il y a de jolies fleurs dans le jardin. – Es gibt schöne Blumen im Garten.

Vous arrivez/tu arrives à Londres. – Du kommst in London an.

Vous voyez/tu vois des chevaux sur la photo. – Du kannst Pferde auf dem Bild sehen.

La vie est plus simple à la campagne. – Das Leben auf dem Land ist einfacher.

Il y a des gens bruyants dans la rue. – Es sind laute Leute auf der Straße.

Il y a des nuages dans le ciel. – Es sind Wolken am Himmel.

à, au, dans, chez – an, auf, bei, in, um, zu

Ma maison est au bout de la rue. – Mein Haus steht am Ende der Straße.

Elle étudie l'histoire à l'université. – Sie studiert Geschichte an der Universität.

Vous vous asseyez/tu t'assied à table pour le dîner. – Ihr sitzt/du sitzt zum Abendessen am Tisch.

Nous commençons la lecture page 12. – Wir fangen auf Seite 12 mit dem Lesen an.

Il y a de la bonne musique à la fête. – Es gibt gute Musik auf der Party.

La fille est dans la maison de ses grands-parents. – Das Mädchen ist bei seinen Großeltern.

Je ne mange pas à l'école. – Ich esse nicht in der Schule.

Le train ne s'arrête pas à Paris. – Der Zug hält nicht in Paris.

Rejoignons-nous à dix heures. – Wir treffen uns um zehn.

L'horloge sonne à minuit. – Die Uhr schlägt um Mitternacht.

Ils n'étaient pas à la maison. – Sie waren nicht zu Hause.

Elle arrive en retard chez le docteur. – Sie kommt zu spät zum Arzt.

Sur, à, au, en – an, auf, im

Il y a des portraits de famille sur le mur. – Es hängen Familienbilder an der Wand.

Hambourg est au bord de l'Elbe. – Hamburg liegt an der Elbe.

Le musée est à droite. – Das Museum ist auf der rechten Seite.

Il n'y a pas de vaches à la ferme. – Es gibt keine Kühe auf dem Bauernhof.

En allant chez sa mère, il a perdu ses clés. – Auf dem Weg zu seiner Mutter hat er seinen Schlüssel verloren.

En vacances, nous nous détendrons. – Im Urlaub werden wir entspannen.

Viens !/Allez-y !/Vas-y ! – Auf geht´s!

La salle de bains est au premier étage. – Das Badezimmer ist im ersten Stock.

La chanson passait à la radio. – Das Lied wurde im Radio gespielt.

Autres expressions utiles – Weitere nützliche Ausdrücke

un certain nombre de – eine Anzahl/einige

très – sehr

quelque chose – etwas

rien/tout/quelque chose – nichts/alles/etwas

à propos de – über/ungefähr

plus que – mehr als

moins que – weniger als

presque – fast

à peine/de justesse – kaum

à peine/rarement/péniblement – kaum

assez – ausreichend, genug

tout/tous/chaque – jeder, jede, jedes

juste – gerade

assez/tout à fait – ziemlich

vraiment – wirklich

jamais – nie

Les pronoms – Die Pronomen

Les pronoms personnels – Die Personalpronomen

je – ich

tu – du

il/elle/cela – er/sie/es

nous – wir

vous – ihr/Sie

ils – sie

Les pronoms possessifs – Die Possessivpronomen

mon/ma – mein

ton/ta – dein

son/sa – sein/ihr

notre – unser

votre – euer/Ihr

leur – ihr

Les pronoms relatifs – Die Relativpronomen

qui – der/die/das (bei Personen)

qui/que/quoi/quel/lequel/celui qui/celle qui – der/die/das (bei Sachen und Tieren)

dont/duquel/à qui/de qui – dessen/deren (bei Personen, Sachen und Tieren)

Les pronoms interrogatifs – Die Fragepronomen

qui – wer

qui/que/à qui – wen/wem

dont/duquel/à qui/de qui – wessen

que/quoi – was (bei Gegenständen)

quand – wann

qui/que/quel/lequel – wer/was (bei Personen und Gegenständen)

où – wo, wohin

pourquoi – warum, wieso

comment – wie

Donner son avis – Seine Meinung kundtun

L'opinion – Die Meinung

Je pense/sens/crois que … – Ich denke/meine/glaube, dass …

Je dirais que … – Ich würde sagen, dass …

Si vous me le demandez/Sie tu me le demandes, … – Wenn Sie mich fragen, …/Wenn du mich fragst, …

Selon moi, … – Meiner Meinung nach …

Je suis d'accord avec … – Ich finde es gut …

Je me trompe peut-être, mais … – Vielleicht liege ich falsch, aber …

Ne pensez-vous/penses-tu pas que … – Denken Sie nicht/Denkst du nicht, dass …

Ne seriez-vous/serais-tu pas d'accord avec le fait que … – Sind Sie/Bist du nicht auch der Meinung, dass …

Être d'accord – Einverstanden sein

Je suis (tout à fait) d'accord. – Ich stimme (völlig) zu.

C'est exactement ce que je pensais. – Genauso habe ich es mir auch gedacht.

Vous avez/tu as (absolument) raison. – Sie haben/Du hast (absolut) recht.

Certainement. – Sicherlich.

J'en serais ravi(e). – Es würde mich freuen.

Ce serait bien. – Das wäre schön.

Ce serait un plaisir. – Das wäre mir eine Freude.

Si je le dois. – Wenn ich keine andere Wahl habe.

Peu importe. – Wie du willst/Sie wollen.

Hésiter – Zögern

Pensez-vous/penses-tu vraiment cela ? – Denken Sie/Denkst du das wirklich?

Êtes-vous/es-tu sûr(e) ? – Sind Sie/Bist du sicher?

J'émets quelques réserves.. – Ich habe einige Vorbehalte.

Je ne suis pas totalement convaincu(e). – Ich bin nicht ganz überzeugt.

J'ai bien peur de ne pouvoir être d'accord avec vous/avec toi/avec cela. – Ich fürchte, ich kann Ihnen/dir/dem nicht zustimmen.

Pour être honnête avec vous/toi, je ne peux … – Ehrlich gesagt, kann ich nicht …

Je ne peux pas partager votre/ton opinion. – Ich kann mich Ihrer/deiner Meinung nicht anschließen.

Ce n'est pas ainsi que je le vois. – Ich sehe das anders.

Être en désaccord – Nicht einverstanden sein

Je ne suis (absolument) pas d'accord. – Ich bin (völlig) anderer Meinung.

Je préférerais vraiment ne pas avoir à faire cela. – Ich würde das lieber (nicht) tun.

Je ne ferais cela sous aucun prétexte. – Unter keinen Umständen bin ich bereit, das zu tun.

Je refuse d'accepter cela. – Ich lehne es ab.

Vous n'êtes/tu n'es pas sérieux. – Das meinen Sie/meinst du nicht ernst.

Tu ne peux pas t'attendre/Vous ne pouvez pas vous attendre à ce que je sois d'accord. – Das kannst du/können Sie nicht von mir erwarten.

Plutôt mourir. – Nur über meine Leiche.

Téléphoner – Telefonieren

téléphoner – telefonieren

être au téléphone – gerade telefonieren

parler à quelqu'un au téléphone – mit jemandem telefonieren

composer le numéro – wählen

le répondeur – der Anrufbeantworter

la ligne est occupée – der Anschluss ist besetzt

faux numéro – falsch verbunden

rester en ligne – bleiben Sie am Apparat

la connexion est mauvaise – die Verbindung ist schlecht

rappeler – zurückrufen

laisser un message – eine Nachricht hinterlassen

prendre un message – eine Nachricht notieren

passer la communication – jemanden durchstellen

demander à pouvoir téléphoner – um einen Anruf/Rückruf bitten

Faire les magasins – Beim Einkaufen

Puis-je vous aider ? – Kann ich Ihnen helfen?

Je cherche un manteau d'hiver. – Ich suche einen Wintermantel.

Je cherche un chemisier qui aille avec ma jupe. – Ich suche nach einer Bluse, die zu diesem Rock passt.

Quelle taille faites-vous ? – Welche Größe haben Sie?

Je porte du 38 européen. – Ich trage Größe 38.

Avez-vous ce modèle de pantalon dans d'autres couleurs/tailles ? –
Haben Sie diese Hose in einer anderen Farbe/Größe?

Où puis-je essayer cela ? – Wo kann ich das anprobieren?

La cabine d'essayage est là-bas. – Die Umkleidekabinen sind dort drüben.

La chaussure doit se faire. – Sie müssen den Schuh einlaufen.

Cette robe ne va pas. – Dieses Kleid passt nicht.

C'est trop petit/grand/étroit/large/court/long. – Es ist zu klein/groß/eng/weit/kurz/lang.

Les manches sont trop longues. – Die Ärmel sind zu lang.

Le pantalon est trop court. – Die Hosenbeine sind zu kurz.

Pensez-vous/penses-tu que ce manteau me va ? – Finden Sie/Findest du, der Mantel steht mir?

Je pense qu'il vous/te va très bien. – Ich finde, er steht Ihnen/dir sehr gut.

Cela va bien avec vos/tes yeux. – Er passt zu Ihren/deinen Augen.

J'ai bien peur que cela ne vous/t'aille pas. – Leider steht er Ihnen/dir nicht.

Cette couleur ne vous/te va pas. – Die Farbe steht Ihnen/dir nicht.

Je n'aime pas ce type de col/la couleur. – Ich mag diese Art von Kragen/diese Farbe nicht.

Avec quelle matière est faite cette veste ? – Aus welchem Material ist die Jacke hergestellt?

Puis-je laver cette jupe moi-même ou dois-je la faire nettoyer à sec ? –
Kann ich diesen Rock selbst waschen, oder muss er in die Reinigung?

Pouvez-vous faire l'ourlet de ce pantalon ? – Können Sie die Hose kürzen?

Pourrai-je échanger ce pull ? – Kann ich den Pullover umtauschen?

Oui, vous pourrez. – Ja, können Sie.

Non, c'est en solde. Les articles en soldes ne peuvent être échangés. –
Nein, er ist reduziert. Reduzierte Ware ist vom Umtausch ausgeschlossen.

Cela fait 60 euros. – Das macht 60 Euro.

Payez-vous en liquide ou par carte de crédit ? – Zahlen Sie bar oder mit Karte?

Prenez-vous la carte de crédit ? – Kann ich mit Kreditkarte zahlen?

Puis-je avoir un reçu, s'il vous plaît. – Kann ich die Quittung bitte haben?

Voulez-vous un sac ? – Brauchen Sie eine Tasche/Plastiktüte?

Demander son chemin – Nach dem Weg fragen

Les questions – Die Fragen

Excusez-moi, pouvez-vous me dire comment me rendre au musée ? –
Entschuldigen Sie bitte, können Sie mir sagen, wie ich zum Museum komme?

Excusez-moi, savez-vous où se trouve le port ? –
Entschuldigen Sie bitte, wissen Sie, wo der Hafen ist?

Comment puis-je rejoindre la rue principale ? – Wie komme ich zur Hauptstraße?

Je cherche le syndicat d'initiative. – Ich suche die Touristeninformation.

À quelle distance est-ce de l'aéroport ? – Wie weit ist es bis zum Flughafen?

Les réponses – Die Antworten

Je suis désolé(e), je ne sais pas. – Tut mir leid, das weiß ich nicht.

Je suis désolé(e), je ne suis pas d'ici. – Tut mir leid, ich bin nicht von hier.

C'est juste au coin de la rue – Es ist gleich um die Ecke.

C'est juste ici. – Es ist gleich da drüben.

C'est à environ 100 mètres. – Es sind circa 100 Meter.

Poursuivez dans cette rue. – Gehen Sie diese Straße entlang.

Tournez à gauche/à droite. – Biegen Sie rechts/links ab.

Continuez tout droit jusqu'au carrefour. – Gehen Sie geradeaus bis zur Kreuzung.

Traversez la rue et continuez tout droit. –
Überqueren Sie die Straße und gehen Sie weiter geradeaus.

Quand vous verrez l'hôpital sur votre gauche, continuez encore cent mètres. Le syndicat d'initiative sera alors sur votre droite. – Wenn Sie das Krankenhaus auf der linken Seite sehen, gehen Sie noch hundert Meter weiter. Die Touristeninformation ist dann auf der rechten Seite.

Expressions idiomatiques – Idiomatische Ausdrücke

croiser les doigts – die Daumen drücken

faire marcher quelqu'un – jemanden zum Narren halten

tourner autour du pot – um den heißen Brei reden

cela suffit pour aujourd'hui – das Ganze beenden

faire face à – mit etwas zurechtkommen

rester en contact – in Verbindung bleiben

connaître les ficelles – sich auskennen

se défouler – sich entspannen

se marier – heiraten

partir de zéro – von vorn beginnen

faire une montagne d'une taupinière – aus einer Mücke einen Elefanten machen

Ce n'est pas ma tasse de thé. – Das ist nichts für mich.

Il pleut des cordes. – Es regnet in Strömen.

Ca fait un bail. – Lange nicht gesehen.

Je m'en fiche. – Es ist mir total egal.

Je l'ai sur le bout de la langue. – Es liegt mir auf der Zunge.

avoir la bougeotte – Hummeln im Hintern

la cerise sur le gâteau – das Sahnehäubchen

en résumé – zusammengefasst

à brûle-pourpoint – ganz plötzlich

être aux anges – selig

casse-pieds – die Nervensäge

mal dégrossi – unausgegoren

ironique – nicht ernst gemeint

mensonge pieux – die Notlüge

moitié, compagnon – die bessere Hälfte

cercle vicieux – der Teufelskreis

Les proverbes – Die Sprichwörter

faire d'une pierre deux coups – zwei Fliegen mit einer Klappe schlagen

L'avenir appartient à ceux qui se lèvent tôt. – Morgenstund hat Gold im Mund.

Rien n'est irremplaçable. – Wie gewonnen, so zerronnen.

Il est trop tard pour pleurer. – Hin ist hin.

C'est en forgeant qu'on devient forgeron. – Übung macht den Meister.

Le temps le dira. – Kommt Zeit, kommt Rat.

Tel père, tel fils. – Wie der Vater, so der Sohn.

L'amour est aveugle. – Liebe macht blind.

Quand on veut, on peut. – Wo ein Wille ist, ist auch ein Weg.

Qui se ressemble s'assemble. – Gleich und gleich gesellt sich gern!

Saisir l'occasion au vol – das Eisen schmieden, solange es heiß ist

Faux amis – Falsche Freunde

art ≠ Art	**l'art** – die Kunst	die Art – **la façon**
baiser ≠ Baiser	**baiser** – küssen	Baiser – **la meringue**
balance ≠ Balance	**la balance** – die Waage	die Balance – **l'equilibre**
blâmable ≠ blamabel	**blâmable** – tadelnswert	blamabel – **honteux, humiliant**
blâmer ≠ blamieren	**blâmer** – tadeln	blamieren – **ridiculiser**
brave ≠ brav	**brave** – mutig	brav – **gentil(le)**
clavier ≠ Klavier	**le clavier** – die Tastatur	das Klavier – **le piano**
coffre ≠ Koffer	**le coffre** – der Kofferraum	der Koffer – **la valise**
compas ≠ Kompass	**le compas** – der Zirkel	der Kompass – **la boussole**
concours ≠ Konkurs	**le concours** – der Wettbewerb; die Aufnahmeprüfung	der Konkurs – **la faillite**
coquet ≠ kokett	**coquet** – eitel	kokett – **flirteur**
délicatesse ≠ Delikatesse	**la délicatesse** – das Feingefühl, der Takt	die Delikatesse – **le plat exquis**

démonstration ≠ Demonstration	**la démonstration** – die Vorführung	die Demonstration (Kundgebung, Protest) – **la manifestation**
désinteréssé ≠ desinteressiert	**désinteréssé** – uneigennützig	desinteressiert – **indifférent/ peu intéressé**
dôme ≠ Dom	**la dôme** – der Kuppelbau	der Dom – **la cathédrale**
état ≠ Etat	**l'état** – der Staat; der Zustand	der Etat – **le budget**
feuilleton ≠ Feuilleton	**le feuilleton** – der Fortsetzungs-roman	das Feuilleton – **la rubrique culture**
fidèle ≠ fidel	**fidèle** – zuverlässig, treu	fidel – **joyeux, gai**
furieux ≠ furios	**furieux** – zornig, heftig	furios – **brillant; passionné**
glace ≠ Glas	**la glace** – das Eis; der Spiegel	das Glas – **le verre**
gros, grosse ≠ groß	**gros, grosse** – fett	groß – **grand**
gymnase ≠ Gymnasium	**le gymnase** – die Turnhalle	das Gymnasium – **le lycée**
haut ≠ Haut	**haut** – hoch	die Haut – **la peau**
hier ≠ hier	**hier** – gestern	hier – **ici**
honorer ≠ honorieren	**honorer** – ehren	honorieren – **reconnaître; payer**
humeur ≠ Humor	**l'humeur** – die Laune, die Stimmung	der Humor – **l'humour**
impotent ≠ impotent	**impotent** – machtlos	impotent – **impuissant**
indiscutable ≠ indiskutabel	**indiscutable** – unbestreitbar	indiskutabel – **inadmissible**
infusion ≠ Infusion	**l'infusion** – der Aufguss; der Kräutertee	die Infusion – **la perfusion**
irriter ≠ irritieren	**irriter** – reizen, ärgern	irritieren – **gêner; égarer**
luxurieux ≠ luxuriös	**luxurieux** – lüstern, sexuell anzüglich	luxuriös – **luxueux**
modération ≠ Moderation	**la modération** – die Mäßigung	die Moderation – **la présentation**

misérable ≠ miserabel	**misérable** – arm, ärmlich; armselig	miserabel – **lamentable**
net, nette ≠ nett	**net, nette** – klar, eindeutig; sauber	nett – **gentil, joli, sympa**
notice ≠ Notiz	**la notice** – die Anweisung	die Notiz – **la note**
nougat ≠ Nugat	**le nougat** – türkischer Honig	der/das Nugat – **le praliné**
ordinaire ≠ ordinär	**ordinaire** – einfach, gewöhnlich	ordinär – **vulgaire**
originel ≠ originell	**originel** – ursprünglich	originell – **original**
parole ≠ Parole	**la parole** – das Wort	die Parole (Losung) – **le mot d'ordre**
parterre – Parterre	**le parterre** – das Parkett (Theater o. Ä.)	das Parterre (Erdgeschoss) – **le rez-de-chaussée**
patent ≠ patent	**patent** – offensichtlich	patent - **judicieux**
partout – partout	**partout** – überall	partout (um jeden Preis) – **à tout prix; absolument**
pincette ≠ Pinzette	**la pincette** – die Feuerzange	die Pinzette – **la pince à épiler**
planer ≠ planen	**planer** – schweben	planen – **organiser**
porto ≠ Porto	**le porto** – der Portwein	das Porto – **le port**
raisins ≠ Rosinen	**les raisins** – die Weintrauben	die Rosinen – **les raisins secs**
sortir ≠ sortieren	**sortir** – hinausgehen	sortieren – **trier, classer**
spectacle ≠ Spektakel	**le spectacle** – der Anblick; die Vorstellung, das Stück	das Spektakel – **le tintouin**
tablette ≠ Tablette	**la tablette** – die Ablage	die Tablette – **le cachet**
tablette ≠ Tablett	**la tablette** – die Ablage	das Tablett – **le plateau**
trésor ≠ Tresor	**le trésor** – der Schatz	der Tresor – **le coffre-fort**
veste ≠ Weste	**la veste** – die Jacke	die Weste – **le gilet**

A

B

C

D

E

F

G

H

I

J

K

L

M

Q

R

S

T

W

Y

Z

STICHWORTVERZEICHNIS DEUTSCH

A

C

D

E

F

G

H

I

J

K

L

M

N

O

P

Q

R

S

T

U

V

W

INDEX ALLEMAND – DEUTSCHES STICHWORTVERZEICHNIS

CRÉDITS PHOTOGRAPHIQUES / BILDNACHWEIS

Note au lecteur :
Les auteurs sont cités par page, en partant de l'image en haut à gauche, jusqu'à l'image en bas à droite. Les chiffres entre parenthèses se réfèrent au nombre d'images successives appartenant au même auteur. Les noms sont abrégés comme suit :

Benutzerhinweis:
Die Urheber sind pro Seite in der Reihenfolge der Bilder von oben links nach unten rechts benannt. Ziffern in Klammern hinter den Urhebern bezeichnen die Anzahl direkt aufeinander folgender Bilder ein und desselben Urhebers. Der Großteil der Bilder stammt von www.fotolia.com, deren Urheber einzeln aufgeführt werden. Darüber hinaus stammen die Bilder von Rechtegebern, die im Bildnachweis abgekürzt wie folgt genannt sind:

agil – Archiv agilmedien
Gotzen – by Derek Gotzen
MEV – MEV Augsburg
NGV – Archiv Naumann & Göbel Verlag
pixelio.de – www.pixelio.de
Salanowski – by Beata Salanowski
TLC – TLC Fotostudio
Alle übrigen Bilder/Toutes les autres images : © www.fotolia.com

1: darren whittingham; **3:** darren whittingham; **10/11:** 3d-Master; **12:** NGV (2); **13:** NGV (2); **14:** NGV (5); **15:** NGV (5); **16:** NGV (7); **17:** NGV (4); **18:** olly; **19:** Amir Kaljikovic; Alex; Valua Vitaly; shoot4u; Daniel Heid; Robert Kneschke; Klaus-Peter Adler; Robert Cocquyt; Bernd_Leitner; Valua Vitaly; **20:** Gleb Semenjuk; Tasosk; Tasosk; James Steidl; Kurhan; JackF; Sandro Götze; Uwe Bumann; ISO K° - photography; drubig-photo; dd; emeraldphoto; Murat Subatli; Joy Prescot; unpict; Robert Gortana; L.S.; Sandro Götze; **21:** Hannes Eichinger; Sandra Brunsch; kfleen; Thomas Perkins; Benjamin Thorn; Philip Date; Michael Kempf; Gina Sanders; Ljupco Smokovski; Anja Greiner Adam; dundanim; Reicher; Liette Parent; Yuri Arcurs; Hannes Eichinger; Tomasz Trojanowski; Barbara Schniebel; Christian Kieffer; **22:** johann35; Michael Kempf; Nerlich Images; sizta; Hannes Eichinger; Julia Lami; helix; Yuri Arcurs; Franz Pfluegl; tbel; Franz Pfluegl; Dmitry Nikolaev; **23:** Dave; Sven Hoffmann; Lev Dolgatsjov; tbel; T.Tulic; **24:** MEV; Papirazzi; godfer; luna; **25:** Monkey Business (2); Erika Walsh; **26:** Koboldknopf81; Maksim Shmeljov; Kzenon; Tomy; Kzenon (2); nikkytok; Bertold Werkmann; Patrizia Tilly; wibaimages; Bertold Werkmann; Tottigraf; Monkey Business; Ramona Heim; Kitty; **27:** Heinz Waldukat; Michael Nivelet; Sandra Brunsch; Olga Lyubkin; drubig-photo; DeVIce; emmi; Vladimir Melnik; agil; stock4you; falkjohann; itsxtian; **28:** Elenathewise; Tomo Jesenicnik; Dmytro Konstantynov; Wendyday; sumnersgraphicsinc; FX Berlin; Smileus; Olga Ekaterincheva; EastWest Imaging; Andrey Armyagov; **29:** Andrey Armyagov; Dario Sabljak; Ivan Gulei; Dario Sabljak; Andrey Armyagov; Elnur; Kaarsten; BoL; detailblick; **30:** babimu; BoL; Renata Osinska; Kramografie; SyB; Unclesam; Cheryl Casey; max blain; VRD; angelo.gi; Christine Lamour; Andrey Armyagov; **31:** den sorokin; Torbz; Albert Drybrae; Maciej Mamro; kameel; M S; Joss; Dron; Victoria Short; Birgit Reitz-Hofmann; chickenstock; Vasina Nazarenko; Thaut Images; aks design; buFka; Ruff; Alex; raven; **32:** Andreja Donko; scol22; Vasina Nazarenko; scol22; Claudia Paulussen; sizta; Anja Greiner; Ramona Heim; Jaroslaw Grudzinski; Cheryl Davis; theres; Pamela Uyttendaele; **33:** Lea; michels; agil; Anja Greiner Adam; reinobjektiv; Vtls; Stefan Balk; Ewa Brozek; drubig-photo; nito; M S; agil; MP2; kogge; rgbdigital.co.uk; Mihai Simonia; **34:** Vasina Nazarenko; drubig-photo; Andy-pix; Vasina Nazarenko (2); jura; Sergejs Nescereckis; Vasina Nazarenko; SyB; Werner Heiber; PeJo; rebecca abell; M S; raymac; Andreas Meyer; Franck Boston; **35:** Vasina Nazarenko; Jaimie Duplass; Vasina Nazarenko; lenkusa; Andrey Armyagov; Corrie; Andrey Armyagov; Peter Franzmann; Igor Kaliuzhnyi; Irena Lavrenteva; Barbara Pheby; OMKAR A.V; cheremnov; Andrey Armyagov; blueee; Thomas Hohler; **36/37:** Otmar Smit; **38:** Daniel Bujack; arieliona; Photo_Ma; Klaus Eppele; Tyler Olson; Dark Vectorangel; Licht & Gestalt; ChriSes; Stéphane Bidouze; epantha; Leonid Smirnov; Scott Leman; **39:** ArTo; Stauke; Benjamin Thorn ; Surrender; Dan Race; somenski; fpdress; **40:** liveostockimages; Rodja; Mariano Ruiz; Barbara Pheby; william87; Cristiano Pugno; Dron; PA; **41:** Nicole Effinger; Christian Schwier; Udo Kroener; Valua Vitaly; Herby; Joanna Zielinska; schaltwerk; Robert Kneschke; Piotr Marcinski; fred goldstein; Robert Kneschke; Benny Weber; photobg; SAWImedia S.Willnow; diego cervo; drubig-photo; Monkey Business; **42:** imageit; Alexander Raths; Jose Manuel Gelpi; redav; Lisa Eastman; PA; Gina Sanders; aceshot; ISO K° - photography (2); Gina Sanders (2); ISO K° - photography; KaYann; **43:** Torsten Märtke; Marén Wischnewski; Sport Moments; Steven Pepple; Sven Bähren; Paul Laroque; Joseph Dudash; Dream-Emotion; Gina Sanders; J. Kirchmaier-Gilg; **44:** Dan Race; aceshot; Dan Race; **45:** Danel; Dušan Zidar; Adam Gregor; Ramona Heim; pix4U; Lisa Eastman; **46:** Dream-Emotion; Andrzej Tokarski ; foto.fritz; Liv Friis-larsen; Walter Luger; KSR; GordonGrand; **47:** Alexander Raths; peppi18; Thomas Teufel; Birgit Reitz-Hofmann; Bernd Jürgens; contrastwerkstatt; Gina Sanders; Bernard GIRARDIN; Benjamin Thorn; Paul Hill; **48:** Stephen Finn; Pixelwolf2; James Steidl; BildPix.de; Monkey Business; Stephan Morrosch; Ramona Heim; **49:** Gina Sanders; Günter Menzl; Kica Henk; Gina Sanders; Vladislav Gajic; Monkey Business; Kurhan; nyul; Andrzej Solnica; GordonGrand; **50:** Gago; overthehill; contrastwerkstatt; SIGNTIME; AlienCat; Ramona Heim ; negrobike; Werner Stapelfeldt; Carlos Caetano; Barbara Pheby; Saskia Massink; **51:** karl-heinz wülfcken; Max Tactic; Brigitte Bohnhorst; Leah-Anne Thompson; drubig-photo; vision images; Bernd Ullmann; Kzenon; drubig-photo; Nikola Hristovski; Paylessimages; Digitalpress; **52/53:** pe-foto; **54:** Monkey Business; Diana Kosaric; somenski; Michael Kempf; BildPix.de; Sandra; Kirsty Pargeter; jeremias münch; xin wang; ise17; Julia Britvich; diego cervo; voizin; **55:** Henlisatho; Ilka Burckhardt; chestra; awfoto; Eduard Shelesnjak; kameramann; Rulan; by-studio; Joachim Wendler; MP2; **56:** Tomasz Trojanowski; Marcel Mooij; Jaimie Duplass; Nerlich Images; Wojciech Gajda; Klaus-Peter Adler; **57:** Warren Rosenberg; Paulus Rusyanto; voizin; Matthias Ropel; Fotografiesbg; Michael Chamberlin; Kaarsten; Ignatius Wooster; Gina Sanders; GaToR-GFX; Jenson; foto.fritz; Georg Tschannett; Falko Matte; pressmaster; **58:** Bernd Geller; Alexey Klementiev; Gina Sanders; Ralf Hahn; auremar; **59:** Kzenon; Bernd_Leitner; Gina Sanders; **60:** jerome DELAHAYE; krizz7; PDU; .shock; Gina Sanders; Liv Friis-larsen; Monkey Business; Ronald Hudson; photobunny; Ilan Amith; **61:** Klaus-Peter Adler; Monkey Business; Jean-Pierre; Marco Scisetti; Sealb; zigrit; kliff & klaus; Monkey Business; Jaimie Duplass; **62:** Andrea Seemann; Gudmund; Heiko Butz; iofoto; Thomas Nattermann; photoCD; diego cervo; Monika Wisniewska; Yuri Arcurs; **63:** Leah-Anne Thompson; Robert Kneschke; Dream-Emotion; endostock; ArtmannWitte; Friday; karl-heinz wülfcken; Amir Kaljikovic; Konstantin Yuganov; Gina Sanders; pmphoto; **64:** iceteastock; Spectral-Design; Lennartz; pixelfabrik; jayrb; Angus; Tyler Olson; Pixelwolf; Gordon Bussiek; quayside; Reiner Wellmann; Stephen VanHorn; Michael Flippo; **65:** Alexander Hoffmann; eiland; Birgit Reitz-Hofmann; Sébastien Eich; Emin Ozkan; Brandon Seidel; Pic.sell; Marco Rullkötter; fotobeu; Carmen Steiner; reka100; Feng Yu; Matthew Cole; womue; **66:** Okea; joel dietle; Tryfonov; Mikko Pitkänen; Xuejun li; Tatyana Lykova; Falk; Mark Ross; fefufoto; Rene Schönfelder; LOTUSCreative; Krzysiek z Poczty; ZTS; luchshen; sonne Fleckl; aldorado; **67:** Max E.; Dirk Schumann; Sean Gladwell; Ieremy (3); Dark Vectorangel; Ernst Hermann; Pixel ; Sebastian Kaulitzki; spaxiax ; isyste; DeVIce; THesIMPLIFY; mipan; **68:** Günter Menzl; Franz Pfluegl; RRF; Franz Pfluegl; Yuri Arcurs; Bryce Newell; Tino Neitz; Deklofenak; diego cervo; **69:** multimartinator ; microimages; Andreas P.; **70/71:** Cary Westfall; **72:** Cary Westfall; Allisija; Kalle Kolodziej; Valeri Vlassov; frankoppermann; **73:** Diana Kosaric; rraheb; ulucceylani; Eifelboy; pearlguy; Fırat; Andre Bonn; robynmac; xmasbaby; **74:** chestra; Kirsty Pargeter; Sean Gladwell; Francisco Romero; Visionär; Alekss; Dark Vectorangel; anna karwowska; **75:** Sascha Burkard; rgbdigital.co.uk; Vtls; Angelika Smile; Restyler; agil; rjack; Birgit Reitz-Hofmann; fefufoto; Marcus Kästner; Mark Aplet; frankoppermann; **76:** Lennartz; Wißmann Design; gemenacom; Marjanneke de Jong; Gotzen; UMA; Ozgur Aydin; maunzel; Ionescu Bogdan; agil; ayros Studio; UMA; JerushA; Springfield Gallery; Birgit Reitz-Hofmann; sonne Fleckl; Andreas Gradin; by-studio; **77:** UMA; heysues23; Aleksandr Ugorenkov; sdmix; homydesign; Sharpshot; KK_Photo; fefufoto; Ramona Heim; Silke Lorenz; MAXIME; scol22; Kaarsten; Paddington; Goos_Lar; VolkOFF-ZS-BP; Vidady; fefufoto; AllesGute; **78:** SyuuuuN; Birgit Reitz-Hofmann; anna k.; Reflekcija; babimu; portia; Skogas; djembejambo; PHOTON; Springfield Gallery; Birgit Reitz-Hofmann; lantapix; Michael Röhrich; Shirley Hirst; blue eye; **79:** Michael Flippo; Nils Bergmann; **80:** Sharon Meyer; rimglow; angelo.gi; kai-creativ; Stocksnapper; Greg; ZTS; Tyler Olson; Ruth Black; Teamarbeit; Willy06; photo-dave; Cpro; Taffi; Neris; **81:** Otto Durst; womue; sarit saliman; Philippe Desoche; rimglow; DWP; **82:** Monkey Business; Stockcity; **83:** Rodenberg; masterrobert; Lim Jerry; objectsforall; andreas reimann; Christophe Fouquin; yong hong; WoGi; Tomasz Piechel; **84:** agil; endrille; Gotzen; Stefano Ballabio; rotoGraphics; **85:** buFka; Nicole Effinger; AlexQ; Tatyana Gladskih; agil; **86:** ERWINO Photodesign; Michael Flippo; YAROSLAV ANTROPOV; J. Kirchmaier-Gilg; S.White; insa krey; PA; Danomyte; Eric Isselée; Frank Schöttke; sizta; Sebastian Faltenbach; claudia Otte; Nerlich Images; auris; Esther van der Wal; charles taylor; photlook; Hansderzweite; **87:** Wollwerth Imagery; dazarter; **88:** benamalice; Anne Katrin Figge; Birgit Reitz-Hofmann; ZTS; Rockstreber; Patrick J.; Neobrain; Poles; Christian Delbert; cs333; Lennartz; blondina93; Victoria Kalinina; Matthew Cole; Daniel Burch; by-studio; **89:** Andrzej Tokarski; jacky; Fotograv A. Gravante; VRD; Stefano Maccari; Susann Weiss; Brigitte Bonaposta; cs333; albenka; HLPhoto; Alvin Teo; starush; amlet; Alison Bowden; deniz35; deniz35; Nikita Zabellevich; Africa Studio; EnmaAi; **90:** cva; Maxim Loskutnikov; xmasbaby; Graça Victoria; HLPhoto; lantapix; Stocksnapper; Rafa Irusta; Pavel Losevsky; Milkos; christianlauer; **91:** jazavac; katalinks; Udo Kroener; Aleksandr Volkov; Sergey Komarov; blende40; Martin Green; rrrob; buFka; **92:** Martin Winzer; by-studio; by-studio; Bernd_Leitner; **93:** Anatoliy Zavodskov; Paylessimages; Danielle Bonardelle; Ruediger Rau; Dan Race; vsurkov; karam miri; vnlit; schenkArt; **94:** tiero; Iban Achutegui Tello; Birgit Reitz-Hofmann; fefufoto; iOpeners; dja65; milosluz; **95:** Daniel Burch; bpstocks; Andrzej Tokarski; Ionescu Bogdan; Frank-Peter Funke; fefufoto; Andrzej Tokarski (2); Torbz; Oleksandr Dorokhov; Silkstock; Birgit Reitz-Hofmann; JackF; Katja Wickert; Alexander Sayganov; Birgit Reitz-Hofmann; photoGrapHie; Fotogrund; pdesign; **96:** GordonGrand; Nico Zeißig; djembejambo; Goos_Lar; UMA; Robert Neumann; TrudiDesign; Feng Yu; daseaford; **97:** Uschi Hering; LianeM; Henlisatho; harryimweb; Luminis; Veniamin Kraskov; 3drenderings; Horticulture; WoGi; objectsforall; TheFinalMiracle; BJ Productions; **98:** fuxart; junebreeze; reynald lassire; 1abilder; M.H; Uwe Wittbrock; MichMac; travelguide; Joshua; ataly; flook; tina7si; Kalle Kolodziej; **99:** Frank-Peter Funke; Cornelia Pithart; agil; Annie1one; Steffen Filtzer; Tomas Skopal; **100/101:** mankale; **102:** agil (14); **103:** agil; agil (12); MEV; agil; Tim Friedrich; **104:** agil (2); Caz; beatuerk; tobiasott; Gerhard Führing; Andrea Danti; agil; Ewa Walicka; picprofi; Sunnydays; Freesurf; **105:** Farina3000; Reinhold Föger; mik ivan; haitaucher39; theogott; petrol; Svitlana Mykhalevych; agil; Glenn McGloughlin; **106:** insa krey; StudioPortoSabbia; Juan Jose Gutierrez; juanjo tugores; Orlando Florin Rosu; ErickN; eyezoom1000; agil; sheep dog; James Steidl; Marina Lohrbach; Paylessimages; moodboard3; Aleksandr Stennikov; Jumpingsack; **107:** Stephen Coburn; Eduard Dortmann; Akio Koizumi; Miqul; Ramona Heim; xmasbaby; **108:** Wendy Kaveney; Falko Matte; felinda; Thomas Reimer; Jeanette Dietl; Ramona Heim; Klaus-Peter Adler; Kzenon; Michael Kempf; **109:** Wolfgang Knichel; agil; Christophe Fouquin; agil (2); fotos4people; Dan Race; Yuri Arcurs; MEV; **110:** drx; agil; Klaus-Peter Adler; Ramona Heim; robert paul; awfoto; Frank Rykena; agil (2); Klaus-Peter Adler; agil (2); **111:** Mele Avery; MEV; Haider Yousuf; Matteo Groppo; Oliver Flörke; agil; Hunta; Sunnydays; Klaus Eppele; picsfive; innovari; MEV; Magali Parise; Stephanie Bandmann; Werner Stapelfeldt; Phuong Nguyen; **112:** Elena Schweitzer (6); Simon Ebel; **113:** Sandra Henkel; Jarp; Ewe Degiampietro; Mihnea Simian; sashpictures; S.White; Wojciech Gajda; Joss; M.Rosenwirth; Franz Pfluegl; kalligra; Orlando Florin Rosu; **114:** MEV; agil; MEV (5); drx; **115:** MEV (2); Christian Schwier; Giovanni Rinaldi; MEV (2); **116:** Marem; mw-photography.com; pixelbelichter; carsten jacobs; Fotolyse; fordprefect77; **117:** Rui Araujo; MEV (2); Amrit G; MEV (2); agil; MEV; **118:** MEV; Uwe Bumann; MEV (2); Qujas; MEV; **119:** reinobjektiv; MEV (4); Cmon; TA Craft Photography; MEV; Martina Berg; **120:** maralbild; ISO K° - photography; Alena Kovalenko; Tan Kian Khoon; MEV; Oscar Brunet; Sigtrix; spuno; Feng Yu; Rena Marijn; Thomas Brostrom; **121:** Carolin Tietz; PA; Evali; MEV (2); alice rawson; MEV; carmeta; **122:** Claus Mikosch; Radim Strojek; siart; vb_photo; lilufoto; Nicholas Piccillo; Isleif Heidrikson; Ken Mellott; **123:** cynoclub; Firenight; MEV; Kzenon; 1000words; Max; **124/125:** Canakris; **126:** Helen Shorey; Olaf Rehmert; galam; Helmut Niklas; Lucky Dragon; martine wagner; felinda; Teamarbeit; felinda; Julian Weber; **127:** llandrea; Elke Dennis; J. Book; felinda; goodluck10; PixelWork; samantha grandy; Irina Fischer; Wolfgang Kraus; Maria.P.; hallona; batibanana22; xmasbaby; Janet Layher; objectif saveurs; Dan Race; Esther Hildebrandt; Alta.C; by-studio; **128:** volff; Rebel; Westa Zikas; Inga Nielsen; Alessio Cola; Leonid Nyshko; Nessi; Eva Kahlmann; gradt; Leonid Nyshko; Squareplum; Elena Schweitzer; yamix; sil007; HLPhoto; Fotomenne; ason; Onno Brandis; Richard Griffin; blende40; **129:** HLPhoto; Jesús Arias; Rony Zmiri; TonyBonus; Barbara Pheby; HLPhoto; Brett Mulcahy; senoldo; Barbara Pheby; **130:** TLC (13); Yvonne Bogdanski; Birgit Reitz-Hofmann; TLC (2); eyewave; **131:** TLC (3); Aleksandr Ugorenkov; TLC (7); **132:** TLC (4); Bratwustle; TLC (11); lunamarina; TLC; **133:** TLC (8); Pink Badger; TLC (2); Eric Isselée; TLC; **134:** TLC (6); Johnny Lye; TLC (8); Leszek Ogrodnik; TLC (4); **135:** TLC (2); Teamarbeit; TLC (15); Inga Nielsen; **136:** TLC (7); The One; TLC (9); pixelstore; eyewave; TLC; **137:** TLC (20); **138:** TLC (14); **139:** TLC (20); **140:** TLC (4); Klaus; TLC (4); **141:** TLC (5); Oliver Rüttimann; TLC (3);

CRÉDITS PHOTOGRAPHIQUES / BILDNACHWEIS

142: demarco; Kati Molin; Frofoto; picsfive; blende40; Only Fabrizio; Sly; HLPhoto; Rcsolutions; Uwe Bumann; Richard Oechsner; nextrecord; Pictures4you; liveostockimages; Teamarbeit; Ghost; **143:** Michael Kempf; Designer_Andrea; gnadklaus; Feng Yu; Fanfo; Liv Friis-larsen; Andreas Haertle; Kimberly Reinick; Inga Nielsen; LianeM; Elena Schweitzer; foodinaire.de; **144:** flashpics; Ljupco Smokovski; Scott Karcich; Blue Lemon Photo; Stefan Balk; Elenathewise; Ljupco Smokovski; MariusdeGraf; blende40; HLPhoto; Birgit Reitz-Hofmann; Klaus-Peter Adler; Fanfo; haveseen; decor1; Inga Nielsen; **145:** Okea; Ljupco Smokovski; Teamarbeit; Jörg Launer; Eisenhans; Stefano Tiraboschi; picsfive; Gregory Cristal; eyewave; Julián Rovagnati; Claudio Baldini; Gresei; Steve Cukrov; quayside; haveseen; justin maresch; photo-dave; Nitr; Hubert Nacken; **146:** Canakris; Sergey Minaev; Stephanie Eckgold; Vadim Ponomarenko; Michael Röhrich; manla; **147:** Christian Jung; Boris Ryzhkov; Lilyana Vynogradova; Esther Hildebrandt; Douglas Freer; mashe; Paul Cowan; Fatman73; mekcar; arkpo; Aleksey Kondratyuk; Andrea Wilhelm; Viktor; Ramona Heim; Eldin Muratovic; sil007; Natalia Mylova; matka_Wariatka; GeoM; momanuma; ExQuisine; Profotokris; **148/149:** Janis Lacis; **150:** Andreas Wolf; mirpic; Maria.P.; Günter Menzl; pics; BildPix.de; hapa7; Rudolf Tepfenhart; Franz Pfluegl; martini; Niels Norden; **151:** philipus; Kenneth McEwen; Bernd Kröger; Stefan Baum; Willi; Marion Neuhauß; Dreadlock; mirubi; fafoutis; agil; Torsten Doppler; Otto Durst; Salanowski; DeVIce; **152:** robert lerich; Scanrail; voluta; **153:** O.M.; fba70; Andre Nantel; Stefan Balk; Ignacio Brosa; HaFaDi; Flexmedia; Alexander Reitter; w14a; oliver-marc steffen; Pippa West; FK-Lichtbilder; mdavid; **154:** Urbanhearts; oscity; Bernd Kröger (2); Mikel Wohlschlegel; Cole MacD; p_gangler; **155:** Jo Chambers; Gorgsenegger; Dark Vectorangel; foto.fritz; senoldo; Bernd Lang; R Mcwilliam; Rene Schmidt; ecomeda medien; Andreas Kiewitt; Paylessimages; Terrance Emerson; **156:** Spargel; Andris Piebalgs; Spargel; Katja Ullrich; Robert Knight; Thomas Aumann; agil; Monkey Business; Pavel Losevsky (2); Heiner Witthake; **157:** Pavel Losevsky; Udo Kroener; Gina Sanders; argo74; negrobike; Monkey Business; fuxart; Bernd Kröger; wjarek; Sven Weber; Starpics; agil; Pavel Losevsky; mangostock; Klaus Eppele; Starpics; **158:** Palabra; svort; Friday; Kasoga; agil; by-studio; agil; Robbic; milosluz; Nik; devulderj; richard villalon; PaulPaladin; **159:** Bernard BAILLY; Edyta Pawlowska; Martina Berg; Birgit Reitz-Hofmann; Franz Pfluegl; NiDerLander; agil (3); victoria p.; Thomas Perkins; **160:** manipulateur; Vitaly Maksimchuk; Milissenta; bourger; Daniel Kühne; bellyferriter; Silkstock; fefufoto; PHOTOunterwegs; Eisenhans; **161:** Roman Milert; Yury Zap; LaCatrina; Digitalpress; robynmac; Aamon; Emilie Gallois; Anton Balazh; PANORAMO.de; agil; Martina Berg; Herbie; Monkey Business; Starpics; negrobike; Monkey Business; Anne Katrin Figge; Birgit Reitz-Hofmann; **162:** anthony taugeron; Vittorio Stasi; Michael Flippo; milosluz; Rafa Irusta; Rafa Irusta; drubig-photo; D. Fabri; Michael Homann; christian42; **163:** Pixelwolf; agil; Ralf Siemieniec; ElenaR; fuxart; agil; Paul Fleet; michanolimit; Shockmotion; André Reichardt; objectsforall; endrille; Feng Yu; Beckie; Sebastian Kaulitzki; agil; **164:** Szasz-Fabian Erika; Max Tactic; Christian Jung; Christian Jung; Gramper; objectsforall; M S; DeVIce; Iantapix; Tomasz Trojanowski; OlgaLIS; Anastasia Tsarskaya; d-jukic; agil; Yuri Arcurs; Kzenon; Viktor Pravdica; bbroianigo; Stefano Maccari; Kzenon; Digitalpress; Liv Friis-larsen; CandyBoxPhoto; **165:** knirzporz; flashpics; Siegfried Schnepf; Patricia Hofmeester; Dan Race; Kalle Kolodziej; Leah-Anne Thompson; fotodesign-jegg.de; Pavel Losevsky; Kirill Livshitskiy; **166:** fotoman_65; gandolf; Pefkos; philipus; agil; Diorgi; Christa Eder; Diorgi; **167:** shoot4u; Andre; Birgit Reitz-Hofmann; AGITA LEIMANE; hoangthinguyet; Kitch Bain; agil; agil; M S; **168:** Spargel; sonne Fleckl; Pavel Losevsky; James Steidl; Diana Kosaric; Pumba; Jacques PALUT; Deklofenak; Michael Gerlach; Carmen Steiner; **169:** Daorson; Monkey Business; Thomas Aumann; blende40; Angela Shirinov; Patrycja Zadros; Tomo Jesenicnik; Jürgen Priewe; th-photo; Karen Roach; **170:** Ferenc Szelepcsenyi; agil; Visual Concepts; agil; Ueli Riegg; Pasc06; Blue Wren; Paylessimages; frederic; Eduard Härkönen; agil; MP2; **171:** Günter Menzl; Dmytro Konstantynov; agil; Jan Rose; sk_design; agil; Hunta; Pavel Losevsky; agil; **172:** drx; Kzenon; agil; hsfelix; Stas Perov; James Steidl; buFka; Dmitry Vereshchagin; Fulya Bayraktaroglu; Twin Bridges Photo; photolens; Nikolaj Grigor'ev; **173:** ma_photo; Dirk Schumann; yang yu; Dzmitry Lameika; James Steidl; **174:** apfelweile; Uschi Hering; emeraldphoto; silencefoto; Ericos; jerome signoret; drubig-photo; small tom; **175:** MUE; Dmitri MIkitenko; Vladislav Lebedinski; garloon; MUE; coco194; small tom; agil; Gabi Günther; photlook; Izaokas Sapiro; **176:** agil; El Comandante; ktsdesign; agil (3); photoillustrator.eu; El Comandante; Dimitri Surkov; **177:** Yuri Arcurs; DWP; DeVIce; vgstudio; Kzenon; Yuri Arcurs; agil; David Büttner; worgullm; pics; **178/179:** Stefan Richter; **180:** fuxart; Gina Sanders; marioiram; chris74; Uwe Bumann; séb_compiegne; yagabunga; Daniel Hohlfeld; Irina Fischer; **181:** etany; Light Impression; bellyferriter; haitaucher39; Gerhard Seybert; Fotolyse; Gudrun Sonder; Gerhard Woschniok; **182:** Mihai Musunoi; WoGi; Michael Neuhauß; Starpics; agil (2); **183:** Fatman73; Mladenov; **184:** Phototom; Angelika Bentin; Marco Richter; frogfisch; Imaginis; George Dolgikh; Shrimp Graphic; alma_sacra; Torsten Lorenz; stock4you; Dmitrijs Dmitrijevs; Marco Haase; **185:** ping han; picprofi; soenke_hh; jörn buchheim; Vuk Vukmirovic; PixMedia; Miredi; Stefan Redel; Jean-Pierre; WoGi; **186:** Julien Jandric; Sascha Bergmann; claudia Otte; RUZANNA ARUTYUNYAN; **187:** DIREKTHIER; Dron; Alterfalter; m.schuckart; tm-photo; Sebastian Bernig; E. Müller; 3drenderings; arsdigital.de; Len Green; Ruslan Olinchuk; braverabbit; Tinka; Maksim Toome; Brocreative; Christopher Dodge; Vladislav Gajic; DeVIce; uwis; **188:** Luc MARTIN; fuxart; synto; **189:** Kramografie; Harald Soehngen; Milos Markovic; Emmanuel MARZIN; Idelfoto; Uplandpics; Hubertus Theile; Jacques PALUT; Milosz Wozaczynski; Jaspal Bahra; Jacques PALUT; Iv Mirin; agil; Amy Walters; **190:** Nidor; Forgiss; **191:** Laurin Rinder; giemmephoto; Walter Luger; Andrus; Keith Tarrier; CTR Photos; Michael Fritzen; Gotzen; david.asch; **192:** pixUneed; M.Rosenwirth; MyTrainArt; Frank-Peter Wendt; LianeM; VeSilvio; Steve Cukrov; Gotzen; **193:** rotschwarzdesign; Gotzen; Sven Furrer; Yvonne Prancl; tournee; pixUneed; manu; Konstantin Yuganov; jazavac; Jacek Chabraszewski; Marcel Mooij; Sandor Jackal; **194:** Radu Razvan; Georg Tschannett; philipus; Thaut Images; Stefan Richter; Andres Rodriguez; Jenny Thompson; photlook; Thaut Images; Nabil BIYAHMADINE; Anne Katrin Figge; Dawid Jankowski; Udo Kroener; Bergfee; Leticia Wilson; Blaubierhund; Manfred Steinbach; coco194; Kaarsten; Günter Menzl; **195:** agil; Georgios Alexandris; carsten jacobs; Marion Neuhauß; Kelvin Cantlon; Fedor Sidorov; davidundderriese; **196:** Markus Gössing; Mario Schulze; Alexey-Fyodorov; Markus Schieder; Bernd_Leitner; deleted; victoria p.; Carlos_muc; **197:** Andrew Barker; Eray; **198:** daboost; Ivan Hafizov; Ivan Hafizov; Dagmar Richardt; Jgz; Geo Martinez; starush; Carlos Santa Maria; objectsforall; **199:** sculpies; Petra Dindas; Maria Adelaide Silva; Maria Adelaide Silva; Johnny Lye; Kaarsten; agil (2); adisa; William Casey; Mike Haufe; Wolfgang Feischl; spuno; Udo Kroener; Elenathewise; Frank Eckgold; James Steidl; TMAX; Sven Weber; **200:** Aviator70; Günter Menzl; Malina; Christian Jakimowits; Malbert; eric cabasse; Thomas Weitzel; Charles Shapiro; Sascha Hahn; philippe montembaut; Rosi; NesaCera; MAXFX; **201:** bullshead; Guido Thomasi; linous; Carmen Steiner; michael luckett; Anyka; Michael Homann; HelleM; Argonautis; Anne Katrin Figge; Witold Krasowski; Coka; Jeanette Dietl; **202:** sandra zuerlein; hachmeister; Andreas Wechsel; Ironical Photos; Ralf Gosch; flucas; Thomas Reimer; Dennis Aldag; Markus Lechtenböhmer; Flying-Tiger; Immo Schiller; Carabay (2); Romain LETANG; Horst Schmidt; visuals-and-concepts; **203:** Martin; linous; Bouwman; Sergej Seemann; OutdoorPhoto; Vic; npologuy; darephoto; Daniel Garcia; Stefan Baum; Arthur Adams; DannyBayne; Otmar Smit; oliver-marc steffen; BildPix.de; PicMan; Gabriele Rohde; Jennifer Arcuni; Antje Lindert-Rottke; loppu; konrad Bednik; **204:** Kim Warden; michelangelus; agil; tom; agil; cristimatei; **205:** Peter Hansen; Georg Lehnerer; **206/207:** Volker Krause; **208:** Anchels; Yvonne Bogdanski; simonkr; Eray; Nymph; photoillustrator.eu; XtravaganT; jllm; Henry Schmitt; TA Craft Photography; sculpies; Franz Pfluegl; James Steidl; zothen; Monkey Business; henryart; SOMATUSCANI; **209:** Gina Sanders; momanuma; Sven Weber; pati; Yong Hian Lim; Yuri Arcurs; Shirley; Stephen Coburn; **210:** Klaus Eppele; TMAX; Barbara Pheby; agil; **211:** Graça Victoria; rimglow; rgbdigital.co.uk; Petra Schlösser; Nikolay Levitskiy; BoL; by-studio; john lee; Nathalie P; UMA; BoL; paul prescott; agil; Pierre Moussart; agil; Mikael Damkier; agil; **212:** spe; knirzporz; fefufoto; luchs07; Ralf-Udo Thiele; Graça Victoria; Harry HU; VRD; William Berry; Haris Rauf; RTimages; agil; buFka; liveostockimages; proffelice; chris74; **213:** Udo Kroener; Yanterric; Yong Hian Lim; Ewe Degiampietro; Chad McDermott; Lars Christensen; Ashkan Nasirkhani; markus spiske; Fotografiesbg; Yong Hian Lim; mr.lightning; **214:** agil; Nevermore; Ilya Shulman; ely2000; agil; Natalja Knauer; design56; kubais; Tomasz Wojnarowicz; WavebreakMediaMicro; jumedita; **215:** PeJo; Elenathewise; arthurdent; Dmytro Panchenko; Aleksei Potov; Maksud; agil; la_photog; **216:** PeJo; photoinsel; Doreen Salcher; Chad McDermott; drubig-photo; arsdigital.de; Adagio; **217:** Uranov; oliver-marc steffen; Elenathewise; Elena Moiseeva; Maren Detering; Lisa F. Young; Esther Hildebrandt; Farina3000; contrastwerkstatt; Thomas Gebhardt; ideefotodesign; multimartinator; Viktor Gessler; **218:** Harvey Hudson; Gordon Bussiek; goce risteski; VRD; Veniamin Kraskov; LoopAll; Marie-Thérèse GUIHAL; **219:** mkrberlin; nyul; Oliver Flörke; ArtHdesign; agil; FM2; Jenseman04; Marc Dietrich; Matthias Gruel; agil; **220:** karam miri; Andrea Schiffner; Stocksnapper; Dmitry Rukhlenko; Galyna Andrushko; Klaus Eppele; photlook; Gino Santa Maria; **221:** Antonio; by-studio; Nik; Viktor Isaak; Elenathewise; Cmon; nunezxii; **222:** Pablo Jeffs; vanessa martineau; giangi555; gilles lougassi; David Pruter; pressmaster; Mathias Weigand; Mikael Damkier; agil (2); Sylvie Thenard; **223:** NorthShoreSurfPhotos; khorixas; iofoto; Rick Olson; Yong Hian Lim; Alexstar; Reiner Wellmann; alegalassi1978; maron; Al Rublinetsky; FrankU; **224:** Engels; crimson; Katja Xenikis; 47media; AndreasEdelmann; Martina Chmielewski; Sandor Jackal; Sebastian Kaulitzki; andreas reimann; dudek; C van den Broek; Ivonne Wierink; **225:** Glenda Powers; maler; skyf; christian-colista; kosoff (2); lekcets; mark yuill (2); Markus Lohninger; puje; **226:** 3d-Master; Jose Gil; Alexander Mamich; vision images; Sachs500; Ro; philippe Devanne; rgbdigital.co.uk; mark yuill; Dario Sabljak; mankale; theres; **227:** Joachim Wendler; Xavier; Birgit Reitz-Hofmann; roswitha wesiak; Michael Pettigrew; Lucky Dragon; kai-creativ; DeVIce; Radovan Kraker; Amy Walters; Foto Datzer; Carina Hansen; **228:** M.Jenkins; mirkLe; Bergfee; deleted; Jonathan Larsen (2); Anjo Eijeriks; fotografiche.eu; Henryk Sadura; agil; **229:** David H. Seymour; BBB3; Friedberg; spuno; pixelpainter47; Markus Schieder; reises; Wolfgang Karg; Agyongyi; **230:** Peter Kirillov; Oksana Duschek; Bertram Klehenz; philippe Devanne; Michael00001; Vadim Ponomarenko; agil; **231:** Bertram Klehenz; Tom Davison; Martin Abegglen; lofik; Klaus Eppele (2); agil; emmi; agil; Christa Eder; Karina LS; mipan; Bianka Hagge; éric bargis; **232:** Martina Berg; Gerhard Führing; PA; Philippe LERIDON; bernard favril; Christa Eder; **233:** diavoletto; Leonardo; Dron; agil; Tony; Olga Khoroshunova; Heiner Seidl; LianeM; **234:** Brotz Medien; Marco Zapf; bernard CLOSS; Jennifer Arcuni; smarti; Ahmed Zahid; Dmitry Pichugin; Doderino; Klaus Gilg; mikey; LAURA; Serg Zastavkin; **235:** Clément Billet; Christian Kühn; alper nakri; David Kolöchter; OHRAUGE; martin filzwieser; Markus Plank; Romy1956; Windowseat; alephnull; Vitaliy Hrabar; Tilio & Paolo; lool; Alfred Richter; **236/237:** Sascha Burkard; **238:** agil; nopporn0510; Renate Hermanns; Frank-Peter Wendt; Michael Nitsche; ernstboese; DAV; Emilia Stasiak; **239:** twistah; LianeM; Irochka; Zbigniew Nowak; Andrey Semenov; agil (5); **240:** marilyn barbone; Ewa Brozek; Christian Jung; Fotolyse; lamax; Carola Schubbel; Jan Will; SyB; arquiplay77; **241:** pixelio.de; agil (2); Philipp Sürth; ReinhardT; Jan Will; lamax; galam; **242:** rotoGraphics; macroart; Pampalini; urosr; high_resolution; Erik Simons; **243:** pixelio.de; Nathalie P; Maria Brzostowska; Volkmar Gorke; beatuerk; Andrea Wilhelm; René Metzler; Ravyn of Darkwood; LianeM; Iosif Giannakopoulos; Mirja; caja; Kimberley Hurd; fuxart; Kalle Kolodziej; Trine Möller; **244:** Galyna Andrushko; pixelio.de; agil; Heino Pattschull; Ivonne Wierink; RedTC; Birgit Reitz-Hofmann; Heinz Waldukat; **245:** emmi; Daniel Fuhr; emer; Irata; Grischa Georgiew; Emilia Stasiak; Daniel Fleck; **246:** Amaro; Franz Pfluegl; Daniel Fuhr; Grischa Georgiew; Patrick Hermans; Tanja Bagusat; Reinhold Stansich; Olga Struk; Uhland; **247:** Christian Lück; Maria Brzostowska; emer; honda vita; Irina Fischer; Joy Fera; Christoph Hähnel; Bo Valentino; pavelr; HP_Photo; Marty Kropp; Roman Ivaschenko; Elenathewise; **248:** Maria Brzostowska; kernel; Frank-Peter Funke; D. Fabri; Marty Kropp; LianeM; M.Rosenwirth; Magdalena urawska; **249:** buttongirl; Norman Chan; StarSoftGx; agil; manu; Thaut Images; Florian Rink; Thomas Wöhrle; joe825; Irina Fischer; Karin Lau; Zorro12; Hector Fernandez; **250:** Valeriy Kirsanov; Richard Blaker; Bogdan Dumitru; john barber; Albo; Aussiebloke; Thomas Bedenk; ermi; Henryk Olszewski; dabjola; Yaroslav Gnatuk; Jamie Wilson; **251:** yellowj; JPS (3); Kapley; João Freitas; Amos Struck; Warren Rosenberg; James Steidl; David Igreja; Carola Schubbel; rphotos; Ben Pfeifer; arnowssr; **252:** Wol; felinda; Iffile; Ornitolog82; Eric Isselée; Marty Kropp; AlienCat; **253:** wildman; agil; DirkR; chas53; meoita; aquariagirl1970; AlienCat; Gregor Buir; Instantly; Marty Kropp; Accent; Marty Kropp; **254:** DeVIce; StarJumper; agil; Lux; Martina Berg; Jan Will; chasingmoments; kiki; Nicole Kühl; **255:** Dmitry Pichugin; Eric Isselée; AlienCat; enens; StarJumper (2); agil; Thomas Melcher; AlienCat; Sly; Eric Isselée; Joachim Neumann; Marty Kropp; **256:** cbpix; b.neeser; lunamarina; Eric Isselée; LFChavier; Travelfish; Mor Arditi; **257:** Geoff Hobbs; Lija; Mathias AOUN; Hennie Kissling; Stefan Richter; pixelio.de; Dario Sabljak; Mäusefänger; **258:** TSOMBOS Alexis; Wolfgang Staib; Carola Schubbel; odze; Sonia Anne; ivanagott; Peter Eggermann; NIK; franck steinberg; Eric Isselée; Andrey Ivanov; **259:** Marty Kropp; StarJumper; Eric Isselée; Thaut Images; Melissa Schalke; Frank Wiechens; Xavier MARCHANT; Dmitry Pichugin; StarJumper; **260:** anankkml; Gary Scott; Kitch Bain; Lennartz; foto-stuemper.de; Mohamed Hayat; Steve Degenhardt; EcoView; Frank; **261:** Dmitry Pichugin; Jürgen Hust; Andrea Sachs; Jens Klingebiel; dzain; Renate Micallef; LHX; erectus; Vladimir Melnik; Xaver Klaußner; Jacinto; John Casey; Goran Bogicevic; Paul Moore; **262:** salmagundi; Janet Thorpe; Maksym Gorpenyuk; Close Encounters; Michael Homann; YURY MARYUNIN; Wolfgang Kruck; Marty Kropp; pixelio.de; reinobjektiv; Graham; siffed; Bernd Kröger; Yuly Azrelyan; Nicolas Larento; COwens; Accent; Findus2000; **263:** atlang; Pieter Bregman; agil; Marzanna Syncerz; Natalie; Picturenick; Magali Parise; Carmen Steiner; Oleg Kozlov; Michaela Pucher; Beth Van Trees; dragon_fang; **264:** Rémy MASSEGLIA; Eric Isselée; anoli; Matthias Buehner; Michael Klug; Harald Lange; prints2buy; sunday pictures; **265:** Marty Kropp; Eric Isselée; Accent; James Steidl; Brenda Carson; Kseniya Abramova; Barbarette; Kseniya Abramova; Foto-Biene; **266/267:** DIDEM HIZAR; **274:** DeVIce; **275:** andreas; Mikko Pitkänen; Gotzen (10); Sly; Grzegorz Kwolek; **277/278:** LaCatrina; **279:** LaCatrina (6); Gotzen (6); **280:** Andry(ii) Gudets; originalpunkt; Delph- images; TreePhoto; Silkstock; Hastra; pmphoto; koinseb; Galyna Andrushko; claudia Otte; Grischa Georgiew; Leah-Anne Thompson; Dmitri Brodski; Stas Perov; Kenike Mana'o; Freefly; **281:** Nicole Kühl; schachspieler; Jose Gil; Patrizia Tilly; ≠ruscello; euthymia; **282/283:** PaulPaladin; **284:** NGV; **285:** Gokce Goksel Buyuker (2); NGV; **286:** NGV; **287:** NGV (9); wiw; Viktoriya Sukhanova; **288:** NGV (2); **289:** NGV; Natasha Art; Michael Hieber; **290:** NGV; **291:** NGV; Vivien Gstrein; Galyna Andrushko; **292:** NGV; **293:** NGV; **294:** NGV (2); **295:** NGV; **296:** NGV; **297:** NGV; **298:** Stefan Lochmann; Doderino; Andreas Wechsel; DeWe; Martina Topf; Anton Prado PHOTO; Volker Beck; victor zastol'skiy; fuxart; IMaster; Petra Bihlmaier; Matthias Krüttgen; Lars Meyer; **299:** Stefan Rajewski; Stephen Coburn; PaulPaladin; **300:** Tjefferson; senoldo; agil; Li-Bro; ceejay; Jean Kobben; herb-art; BabylonDesignz; Li-Bro; Jugulator; Lars Koch; benoit sarasin; alexvs; kimihito; senoldo; Argus; Iuliia KOVALOVA; Bär; Jean-Jacques Cordier; **301:** peter neu (12); **305:** Kelly Ann; Petr; Patrick Hermans; **306/307:** vanda